中华先锋人物
故事汇

许海峰
从"弹弓大王"到世界冠军

XU HAIFENG
CONG DANGONG DAWANG DAO SHIJIE GUANJUN

郭凯冰 著

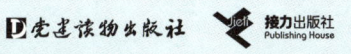

党建读物出版社　接力出版社

图书在版编目（CIP）数据

许海峰：从"弹弓大王"到世界冠军/郭凯冰著.—南宁：接力出版社；北京：党建读物出版社，2021.6
（中华人物故事汇.中华先锋人物故事汇）
ISBN 978-7-5448-7188-4

Ⅰ.①许… Ⅱ.①郭… Ⅲ.①传记小说－中国－当代
Ⅳ.①I247.5

中国版本图书馆CIP数据核字（2021）第084556号

许海峰——从"弹弓大王"到世界冠军
郭凯冰 著

责任编辑：朱晓颖 谢洪波
文字编辑：王雅梦
责任校对：刘会乔 高 雅
装帧设计：严 冬 许继云 美术编辑：高春雷
出版发行：党建读物出版社 接力出版社
地 址：北京市西城区西长安街80号东楼（邮编：100815）
　　　　广西南宁市园湖南路9号（邮编：530022）
网 址：http://www.djcb71.com　http://www.jielibj.com
电 话：010-65547970/7621
经 销：新华书店
印 刷：河北鹏润印刷有限公司
2021年6月第1版　2021年10月第2次印刷
787毫米×1092毫米　32开本　5.25印张　75千字
印数：10 001—20 000册　定价：25.00元

本社版图书如有印装错误，我社负责调换（电话：010-65547970/7621）

目 录

写给小读者的话 …… 1

爱枪男孩 …… 1

弹弓能手 …… 11

小小能人 …… 23

做神枪手 …… 31

我要参军 …… 39

能干知青 …… 45

七十三行 …… 53

赤脚医生 …… 61

遇到伯乐·················67

射击冠军·················73

负责任的营业员···········79

重大抉择·················87

借调风波·················95

备战奥运················101

脱颖而出················109

出征洛杉矶··············119

奥运会夺金··············127

胜利归来················141

要干就干好··············151

写给小读者的话

亲爱的小读者们,你们一定知道奥运会吧。

奥运会的全称是奥林匹克运动会,是世界上影响力最大的体育盛会。奥运会发源于两千多年前的古希腊,一八九六年举办首届,之后每四年一届,参赛的国家也越来越多。

可是,直到一九三二年,才有中国运动员参加奥运会。那时候的中国积贫积弱,参赛者只有一个叫刘长春的人。

刘长春于这年的七月八日自上海搭乘邮轮前往美国洛杉矶,二十九日抵达,三十日下午参加开幕式。因为经过三个星期的海上漂泊,刘长春体力大受影响,参加的两个项目都未能晋级。奥运会结束后，刘长春竟然因为路费不够滞留他乡，后在当地华侨的捐助下才回到中国。

终于，五十二年后的一九八四年，洛杉矶第二十三届奥运会上，一支由二百二十五名中国选手组成的代表团重返夏季奥运会赛场。就是这届奥运会，一名射击运动员射落本届奥运会首金，为中国夺得第一枚奥运会金牌，让五星红旗第一次飘扬在奥林匹克赛场上空！

这名运动员有许许多多传奇故事，更被人称为"七十三行"：小学的他能用弹弓打麻雀；中学的他会补鞋，会理发，两个小时就能叉三四十斤鱼；插队时的他，能做各种农活儿，会修各种电器，用气枪打鸟无人能及，还做过赤脚医生给人看病。

为了圆自己的射击梦，他放弃了供销社人人羡慕的营业员工作，开启了自己的射击生涯。

从全省射击冠军，到全国射击冠军，再到中国第一个奥运冠军，他只用了不到两年的时间！

做了十几年的运动员之后，他又做起了教练员，培养出二十多个世界冠军，让中国体育的弱势项目变成了优势项目!

这个传奇人物,就是这本书的主人公——许海峰!

翻开这本书,你们会知道他更多的精彩故事……

爱枪男孩

一九五七年八月一日这天，福建漳州的解放军医院产房走廊尽头，军人许银芝正心神不宁地望着窗外高大的香樟树。

平日忙于工作，他好久没有仔细看过香樟树了。春天的时候，他陪着怀孕的妻子在家属院散步，一棵棵香樟树开满了黄色的小花，妻子笑着说："等香樟树结了小果子，我们的孩子也该出生了。"

现在正是八月的第一天，香樟树不知何时已经结出绿色的果子，一簇簇，那么饱满，在阳光下闪着亮光！

妻子进入产房已经好久了，孩子怎么还没出

生呢？许银芝忍不住又走回到产房门口，两眼盯着白色的布帘，竖起耳朵听着里面的动静。

终于，一阵婴儿的啼哭声从产房里传出来，许银芝这才长长松了一口气。白色上衣早已湿透，他顾不上擦拭额头的汗水，扒着门缝，试图看一看里面的情况。

产房大门突然打开，许银芝吓了一跳，赶紧退后一步。一个年轻的小护士笑眯眯地看着他，说："是个男孩！"

不多会儿，孩子被抱出来，许银芝小心翼翼地接过去，他抱孩子的别扭姿势，惹得小护士抿着嘴偷偷笑。是啊，他第一次当父亲，还没抱过这么小的孩子。

怀中的孩子，红红的脸蛋上有些皱褶，真的像战友们口中说的："刚出生的孩子啊，像个小老头！"当时他啊了一声，紧接着说了一句："有那么难看吗？"可如今看着皱巴巴的孩子，许银芝却越看越喜欢——乌溜溜的眼睛，柔软的黑发，多惹人怜爱啊！

在产房安顿好大人孩子，同病房产妇的丈夫

说:"是个男孩,这名字,该爸爸取。"

在孩子出生前,许银芝和妻子商量了好几个名字。可今天经人一提议,许银芝推翻了所有的名字,说:"今天是八一建军节,就叫建军,许建军!"

同病房的人都说好——既有纪念意义,又非常响亮,是个好名字!

就这样,如今的许建军,后来的奥运冠军许海峰,就在一九五七年八月一日建军节的这一天,来到了这个世界。

襁褓中的孩子,带给父母忙碌体验的同时,也带来了更多欢乐。小建军长得虎头虎脑的,十分惹人喜爱,爸爸妈妈抱他出去玩的时候,总有熟悉的叔叔阿姨忍不住伸手,捏一捏他胖乎乎的小脸。

不过,爸爸妈妈很快就发现了小建军的一个特点:每次见到带着枪的叔叔阿姨,他一双眼睛就格外专注,还总是挣着身子伸出手去,想要摸一摸枪。

"银芝,你这小子是不是喜欢枪啊?!"一个叔叔把枪从腰间拿出来，在小建军眼前晃几晃，惹得他伸出两只手去摸。

"你说对了，这小子一看见枪就两眼放光，是当兵的料！"爸爸有点小得意地说道。

"咱们后继有人啊！让他长大了参军，也当炮兵！"叔叔笑起来，把枪重新别在腰上说，"小子，现在还小，可不能玩这个！"

小建军眼睛随着枪转，看再也碰不到了，一撇嘴，竟哭了起来。

小建军五岁的时候，爸爸由于工作调动来到龙海市木材公司工作。两年后，家里最小的孩子出生了，妈妈变得格外忙碌，很多时候连小建军也照顾不上。

有一天，妈妈忙着哄正在哭的弟弟，小建军在一旁觉得自己被忽视了，委屈得也哇哇哭起来。那时候的妈妈还年轻，听着几个孩子又哭又叫，感觉很崩溃。

爸爸回来了，一进门就说："我听着家里闹翻天了啊，这是怎么了？"

妈妈红了眼圈,小建军撇着嘴说:"妈妈不要我!"

爸爸哈哈笑起来,两手卡住小建军的腰,把他高高举过头顶,说:"妈妈不要你,爸爸要你啊!"

这是小建军最喜欢玩的游戏,他咯咯地笑着,一个劲儿要求爸爸多举几遍。

小建军高兴了,爸爸蹲下身,把他放到板凳上坐下,抚摸着他的小脑袋说:"建军,妈妈每天要带弟弟妹妹,还要洗衣买菜做饭,多忙啊!你是哥哥,要帮着妈妈照顾他们,好不好?要不然,妈妈就太累了。"

小建军看着爸爸,认真听完,像小大人儿一样点点头,说:"爸爸,我以后帮妈妈带弟弟妹妹,不让妈妈受累!"

从这以后,妈妈忙碌的时候,小建军的确不再向妈妈哭闹。弟弟妹妹们哭闹的时候,他还帮着妈妈逗他们玩。

这一天,妈妈背着小弟弟去买菜,小建军带着大弟弟在家门口玩耍。一个小男孩从远处走过来，看见他俩，举起手里的木枪晃了晃。

自从离开部队家属院，小建军很少能见到枪。看见小男孩的枪，小建军的眼睛一下亮了起来，他顾不上带弟弟玩耍，跑过去问："你的枪？"

小男孩扬起下巴，很骄傲地说："我的！"

小建军凑上前："我能摸摸吗？"

小男孩说："枪会走火，你要摸，不怕吗？"

小建军笑起来，说："别骗人啦！你这是木枪，不是真枪！"

小男孩惊奇地问："你怎么看出来的？我的枪跟真枪一模一样！"

小建军指着木枪说："这，这，这，一看就没机关嘛！"

小男孩服气了，把枪递给小建军玩。

妈妈买菜回来，看到大弟弟坐在门口土坑里哭，满头满脸的沙土，而小建军在远处，一脸痴迷地摩挲着小男孩的木枪。

爸爸见小建军这么喜欢枪，就找人给他做了一把木枪，也像小男孩那把一样，染成了和真枪一样的颜色。

小建军爱不释手，动不动就模仿着解放军叔叔射击的姿势，拿着木枪朝树上的麻雀瞄准，朝天上的蓝鹊瞄准，嘴里发出模仿子弹出膛的声音，惹得一旁的大人哈哈笑。

爸爸看他正儿八经练得起劲儿，就教他正确的握枪姿势。

小建军最喜欢单臂式据枪法，站、握、挺、抬、摆五个要领，他一招一式都记得清楚。每次拿枪瞄准的时候，他都是右手持枪，左手叉腰，妈妈笑着夸他像个神枪手，这时，他心里别提有多美了！

除了喜欢枪，小建军还喜欢缠着爸爸，一遍遍听爸爸讲述打仗的故事。爸爸坐下后，他就拿个小板凳坐在爸爸面前，支棱起耳朵，眼睛一眨不眨，听得很入迷。

爸爸说："一九四七年的沙河战役，可是很惊险的。一颗子弹飞过来，正打中我的手掌——从手掌心穿到手背，把我手里的枪都震飞了，疼得钻心。可我是解放军，是男子汉，愣是一滴眼泪也没掉。我被送进了野战医院，大部队要转移，

中华先锋人物故事汇 许海峰

野战医院也要跟随大部队转移。医院雇了五条船专门运送伤员。当时要穿过敌人的封锁线，为了不让敌人发现船上有伤员，大家把伤员安顿到船舱后，在船上装满柴草，伪装成运柴草的船只。"

"大家真有办法！"听着故事的小建军说。

"是啊，很有办法。"爸爸用刚冒出的胡茬儿蹭蹭儿子稚嫩的笑脸，接着说，"可是，经过封锁线的时候，四条船的船老大被敌人的枪一吓唬，就吓得尿了裤子，说了实话，四条船上的伤员，还有好几位护理的医生护士，都被敌人抓去了……只有我所在的那条船过了封锁线。"

"爸爸，船老大怕枪，我不怕枪！我喜欢枪！"小建军从小板凳上站起身，挺挺胸脯大声说。

"小建军，你可要做个勇敢的人！"爸爸拍拍他的肩膀。

从小在部队大院住，小建军早就学会了敬礼，还学得像模像样。于是，他又挺一挺胸，敬了个礼："是，爸爸！"

弹弓能手

那个年代,小孩子的玩具很少。除了玩木枪,还玩叠香烟盒、滚铁环、打陀螺的游戏。

有一天傍晚,他在外面玩了半天,沿着林荫道回家,突然听见头顶一阵扑棱扑棱的声音。他抬头一看,是一群灰雀正飞落在旁边一棵高大的香樟树上。灰雀们站在树枝上叽叽喳喳地叫,不知是在商量事情还是在吵架。

小建军站在树下,举木枪,瞄准,嘴里配合着子弹出膛的声音——砰砰砰。

"哈哈,你吓唬它们呢?它们可不傻,你这是木头枪,打也是白打!"随着几声嘲笑,一个小男孩从旁边走过来。

"我……我……你能打下来？"小建军不服气，发出挑战。

"当然！"这么说着，小男孩举起手里的弹弓，朝小建军摇晃了下，站好，举起弹弓，瞄准，嗖的一声，一块石子带着风声朝大树顶端的灰雀射去。

灰雀没掉下来，却吓得扑棱棱飞走了。小男孩满脸通红，小建军却忘了他刚才的大话，凑上前，羡慕地看着小男孩手里的弹弓——对呀，木枪怎么也打不到鸟，可要是会打弹弓，就真的能打到啊！

于是，小建军软磨硬泡，央求爸爸给自己做了一把弹弓。

时间过得真快。小建军七岁了，到了上学的年龄。

小建军要去的学校是福建省龙海市实验小学，报名的前一天晚上，爸爸跟他说："建军，你爷爷没上过学，我也没上过学。你呀，是咱们老许家第一个上学的人！"

"爸爸，你和爷爷怎么不上学？"小建军很奇怪。现在只要到了七岁，小孩子都上学啊！

"那时候穷，饭都吃不饱，哪有钱交学费，哪有机会进学堂？你可得好好珍惜这个机会！"爸爸抚摸着他的脑袋说。

原来，好多人因为穷不能上学啊！这一刻他才明白，妈妈早早给他买好了新书包和新文具，是爸爸妈妈觉得，上学读书是一件很重要的事情！

他朝哄着弟弟的妈妈说："妈妈，你明天早点叫我，我要第一个去报名！"

妈妈笑眯眯地点头："好，咱们说定了！"

第二天一早，妈妈只叫了一声，小建军就醒来了，穿上妈妈给他准备好的衣服，格外仔细地洗了脸。爸爸在一边看着，满意地说："建军还没进校门，就有学生样，真棒！"

吃过饭，妈妈带他去报名。路上遇见熟人搭话，都说他出门太早了。小建军大声对他们说："我要当第一名！"

到了学校，看大门的爷爷看见他们来了，打开大门，笑着说："等不及了？一定是个好学生！"

在看门爷爷的指点下，妈妈带小建军来到报名处，梁茶美老师接待了他们。很多年以后，梁老师回忆起第一次见到小建军的情景，还说："他小时候两只眼睛又大又亮，脸蛋圆圆的，是个小胖墩，特别可爱，见的人都喜欢他！"

小建军看着梁老师在报名册上工工整整地写下"许建军"三个字，扭头跟妈妈说："妈妈，你看，我是第一名！"

妈妈笑他，梁老师也跟着笑起来，说："建军，你是第一名，我做证！现在，老师要考考你这个第一名。"

梁老师说着，用笔在一张白纸上写字。小建军凑上去，梁老师写着，他读着："天、人、京、有……"

听他读得流畅，梁老师一口气写了十个字，小建军都准确地读了出来。梁老师惊喜地看他一眼，问："建军，我从树上摘了一个柁果，你从树上摘了两个杧果，我们一共摘了几个杧果？"

"三个！"梁老师话音一落，小建军就大声地答了出来。

"我摘了三个，你摘了两个呢？"

"五个！"

"我摘了五个，你摘了五个呢？"

"十个！"

"我摘了七个，你摘了八个呢？"

"十五个啊！"

梁老师把两手放到小建军肩上，眼睛亮亮地看着他，说："啊，来了个小秀才啊！认识这么多字，加减法还这么好，是谁教你的？"

小建军骄傲地看了妈妈一眼，小胸脯一挺，说道："我妈妈！"

妈妈和梁老师同时笑了起来。

梁老师又问："小秀才有什么理想呢？"

小建军歪着脑袋想了想，说："好好学习！"

梁老师明白小建军还不知道"理想"的含义，笑着说："对对对，只要好好学习，什么美好的理想都能实现！"

当了小学生的小建军,最喜欢做的事情还是打弹弓。他把弹弓天天装兜里,就是睡觉也舍不得拿走,必须放在枕头下才能安心。每天上学,书包里除了书,就是那把被他的小手蹭得格外光滑的弹弓。

一次课间休息时间,小建军跟随大家出了教室,来到一棵大树下做游戏。正玩得高兴,一个同学往脸上抹了一把,叫起来:"哎呀,臭死啦!"

原来,一坨麻雀屎就那么巧地落到了他脸上。大家嘻嘻哈哈地笑起来,那个同学满脸通红,又气又急。

一个同学推了小建军一把:"许建军,你不是有弹弓?把那只臭鸟打下来!"

小建军跑进教室,很快拿着一把弹弓出来。他抬头往树上看去,只见两只麻雀正站在树上叫得欢呢。

另一个同学笑起来,用怀疑的语气说:"许建军,你能打中吗?"

又一个同学说:"许建军,你要打下麻雀,我把新铅笔给你！"

小建军拿来弹弓，只是想把麻雀吓跑，可同学们你一言我一语，激得他心里热腾起来，说了句"我才刚学呢"，便从地上捡颗蚕豆粒儿大小的石子，拉开弹弓射了出去——

枝头上的麻雀不知是被吓的，还是本来就要飞走，反正它们扑棱几下翅膀，飞到了另一棵树的枝头。

"许建军，麻雀让你吓跑啦！"一个同学说。

"许建军，再打一次！"另一个同学又说。

小建军拾起一块石子重新射出去，麻雀飞都没飞，继续在枝头叽叽喳喳。在小建军看来，这小东西跟嘻嘻哈哈的同学们一样，在嘲笑他呢。

上课铃声响起，算是给小建军解了围。坐在教室里，他很沮丧地想：练了几个月，怎么还碰不到麻雀一根羽毛呢？

周围有弹弓的小伙伴是不少，可是平时都是拿着弹弓打着玩，谁也没想着打弹弓打出什么名堂。可小建军不一样，他天生一股犟劲儿，做什么都想做好。

弹弓能手

于是，他打听来打听去，终于打听到一个打弹弓打得很好的大男孩，跑去跟人家学本事。

大男孩倒也不小气，见他迷恋弹弓，教他"一抵二靠三塌四绷紧"的诀窍："一抵"就是用食指和拇指抵住弓眼；"二靠"就是上弓臂要紧紧地靠在食指和手掌间的关节上，下弓臂紧紧地靠在大拇指的内侧；"三塌"就是持弓那只手臂的肩膀一定要塌下去；"四绷紧"就是握弹弓的整个手掌要紧起来。说起来简单，把这些做到位并不那么容易，尤其小建军还小，力气不够大。但是他天天照着"师父"教的姿势和要点练习，一点儿也不敢松懈。

为了练准头，"师父"又强调三点一线，也教他注意有风的时候，要根据风向和风速进行瞄准点的调整。

走在路上，小建军动不动就停下来，瞅着远处的树干、高处的鸟或蝴蝶练眼法。有一次，练得入迷，一脚踏进水坑里，刚买的新鞋子变成了一双泥鞋子，惹得一起放学的小伙伴哈哈大笑。

打弹弓是好玩，可有时候也惹祸。

这天，一家人刚吃完饭，一个老奶奶怒气冲冲地抱着只咕咕叫的母鸡来了。原来，小建军跟人打赌，用弹弓把老奶奶家的母鸡打了。小建军低着头，妈妈赶紧从家里拿了一筐鸡蛋给老奶奶赔礼道歉。老奶奶走了，爸爸把他的弹弓从书包里翻出来，一折两半，扔到了院子里。

还有一次，他跟一个小伙伴玩弹弓，把人家的玻璃打破了。人家找上门，妈妈只能又道歉又赔玻璃钱。几天后，爸爸知道了这事，他的弹弓又遭了殃。

有一段时间，梁老师发现，小建军常常踩着上课铃声气喘吁吁地跑进教室，有时候甚至迟到。梁老师问他为什么迟到，问了几次，小建军都是红着脸，低着头，一声不吭。

于是，这天傍晚放学后，梁老师来到了小建军家。

家里，妈妈一边哄着弟弟一边做着晚饭，却不见已经放学的小建军。梁老师说了小建军迟到的事情，妈妈吃惊地说："我都是让他早早吃了

20　中华先锋人物故事汇　许海峰

饭就上学,按说不该迟到啊!"

梁老师走了好一会儿,小建军才甩着弹弓回了家。

第二天一早,小建军吃过饭就背起书包上学去了。他不知道的是,妈妈跟在他身后。一路上,小建军蹦蹦跳跳,没有一点儿耽搁。可快到学校的时候,他慢下了脚步。妈妈正疑惑呢,见他从书包里摸出弹弓,朝不远处的一棵木瓜树跑去。

这棵木瓜树又高又大,枝繁叶茂,结的木瓜格外多。小建军站在树下,举起弹弓,朝着四五米高处的木瓜射出一块块小石子。一会儿的工夫,又来了好几个小男孩,原来他们是在练弹弓射击的准头。

一个木瓜掉下来,引起一阵欢喜的惊叫,小建军扑过去——这个木瓜,是他打下来的!

小建军刚到木瓜树下的时候,上学路上同学还很少,后来越来越多的同学往学校走去,有些同学还喊小建军几声,可他只应一声,脖颈都不扭一下,一心练弹弓。

弹弓能手

这个晚上，爸爸妈妈批评了他，小建军答应再不会为了玩弹弓耽误上学。

小建军准头越练越准，走在路上，有同学想吃木瓜了，喊他一声，他一准一块石子打下一个。后来，打木瓜不过瘾，小建军开始打麻雀。练了一段时间，竟然也能打下麻雀了！

也许现在很多小朋友会感到奇怪，小建军怎么那么不爱护小动物呢？那时候，人们对麻雀的认识并不充分，很多人甚至认为它们吃稻米，用弹弓打它们，正是帮农作物除害呢！

小建军上小学五年级的时候，弹弓练得已经小有名气。也许是怀念在部队的时光，爸爸从工人俱乐部借了一把步枪，时不时带着他去城外打麻雀。那些日子，小建军一放学就往家跑，跑回家就拿着步枪不撒手，就是晚上睡觉，也舍不得放下。

小小能人

许建军上初中换了三个学校：小学毕业后，考入福建省龙海市第一中学；一年后转学到龙海市颜厝公社古县中学；初中最后一年，回到老家才读完。

不过，由于太痴迷玩弹弓，上课不专心，许建军在初二竟然留级了。这天，爸爸带他去学校办留级手续。路上，爸爸没有批评他，而是语重心长地问：“建军，咱们国家提出实现四个现代化，你知道是哪四个吗？”

许建军马上回答：“农业现代化、工业现代化、国防现代化和科学技术现代化嘛！老师上课的时候说，啥时候'楼上楼下，电灯电话，耕地不用牛，点灯不用油'，就是实现了'四化'！"

爸爸拍拍他的肩膀，说："你说得对！可实现'四化'得靠知识文化。你现在正是学知识学文化的年纪，我们国家的'四化'，将来要靠你们来实现啊！"

许建军低着脑袋，挠挠头发，说："爸，您放心，我会好好学习，再也不贪玩了！"

爸爸看他一脸通红，知道儿子把自己的话听到心里去了。仰头看见前面的大树，他转变了话题，指着树上几只麻雀说："弹弓打得怎么样了？打给我看看。"

许建军高兴起来，从书包里拿出弹弓和一块石子，稍微一瞄准，嗖的一声射了出去——

一只麻雀被打中，应声落地！

爸爸竖起大拇指，说："建军，爸爸一直觉得，只要你想去做的事情，就一定能做好！爸爸相信你，只要你肯在学习上花心思，就一定能学好！"

许建军重重地点点头。事实上，自从知道自己留级，他一直很忐忑，觉得自己给爸爸妈妈丢了人，也给弟弟妹妹做了坏榜样。今天，爸爸耐心地给他讲道理、鼓励他，这让他觉得，自己再不是个孩子，应该做爸爸妈妈的好帮手，做弟弟妹妹的好榜样！

一九七二年，许建军十五岁那年，爸爸带领全家人迁回老家安徽和县。

回到老家的爸爸怀念在福建当海军的岁月，他给四个孩子改了名字，建军改成了海峰，弟弟妹妹的名字改成了海芸、海松、海波。回到安徽和县老家，许海峰转入和县新桥中学就读。

有一天，许海峰和几个同学去一个同学家玩耍。大家在屋里说说笑笑，好一会儿也不见许海峰进来。一个同学跑出去找，发现他正蹲在胡同口，两手托腮，在看补鞋匠补鞋呢！

补鞋匠正是同学的爸爸。好多男孩子在他摊位前磨蹭半天，扭扭捏捏地讨要一小块做弹弓用的皮子。他觉得这个虎头虎脑大眼睛的男孩子，也是为了讨要皮子。他知道这个男孩是儿子的同学，自己的工具箱里也正好有一块适合做弹弓的皮子，等男孩子开口，他很乐意剪一块送给他。

可好一会儿，许海峰都在盯着他比对料子颜色，穿针走线缝裂口，仔仔细细粘鞋帮，就是不开口讨要皮子。

许海峰一直看着补鞋匠修补鞋子。不一会儿，一双破破烂烂的鞋子被缝补得整整齐齐，结结实实。许海峰把鞋子拿在手里，里里外外查看一番，说："叔叔，你真厉害，手艺真好！"

同学的爸爸这才明白，这男孩不是想讨皮子，是喜欢他补鞋的手艺。他来了兴致，一边补鞋，一边跟许海峰讲解补鞋的窍门，许海峰认真听着，时不时问几句。

之后的几天，只要放了学，许海峰都去看同学的爸爸补鞋子。同学的爸爸看他学得认真，也让他学着动手，许海峰很快学会了补鞋。

周末，弟弟妹妹出去玩，许海峰却整个上午都躲在房间里。妈妈买菜回来，许海峰笑嘻嘻地冲到妈妈面前，双手捧出一双球鞋显摆："妈，你看！"

妈妈一看，惊喜地叫起来："你自己补的？"

"我自己！"许海峰用力点点头。

妈妈把菜放在脚边，双手接过鞋子，左看看右看看，还把手伸到鞋洞里面试了试，说："哎呀，海峰，你可真行！"

爸爸一直是个节俭的人，家人鞋子破了，即使有钱，也让孩子们多穿些日子。家里大大小小的破鞋子有好几双。这个周末，许海峰就没出家门，修补好了家里所有人的破鞋子。

后来，邻居们知道许海峰会补鞋，也拿鞋来请他帮忙。许海峰来者不拒，总能让邻居们满意而归。

这天，许海峰带弟弟们去理发店理发。出了理发馆，遇见几个小孩拿着甘蔗一边吃一边走。两个弟弟看看男孩手中的甘蔗，又看看许海峰。许海峰翻翻口袋，说："理了发，变精神了，可咱没钱买甘蔗吃了。"

弟弟们垂头丧气地嗯了一声，三个人闷头回家。到家门口的时候，许海峰心里突然有了主意。从这以后，许海峰有空就去理发馆，站在一边看师傅们给人理发。师傅们知道他要学理发，都觉得这孩子有意思，有空就教他几招，有时候也给他剪刀梳子练练手。

过了一段时间，许海峰觉得自己学会了理发，就求爸爸买一套理发工具，说要自己给弟弟们理发。爸爸觉得许海峰补的鞋子不错，不代表理发也行，有些不相信。他带许海峰和弟弟海波到了相熟的理发店，借用店里的理发工具让许海峰给弟弟理发。

许海峰给弟弟洗了头发，让他坐在玻璃镜前的椅子上，随后拿起雪白的围布哗地一抖，围到了弟弟的脖子上。旁边一个老师傅笑起来，说："看海峰这一'抖'，就知道技术差不了。"

见许海峰左手拿起梳子，右手拿起推子，海波再一次问："哥，你真会理发吗？你别给我推破头皮啊！"前一阵子，许海波陪小伙伴去理发，遇见一个小学徒把客人的头皮推破一块，流了好多血，吓坏了。

许海波的话引起大家一阵哄笑。许海峰红了脸，小声说："别说话，你放心，推不破的。等推完了，我给你买甘蔗吃。"

爸爸没想到，许海峰真的就给许海波理好了小平头，头皮没破一点儿，只是头发不那么平整。老师傅对爸爸说："第一次理发，能理成这样，真不错！"

爸爸很高兴，痛快地买了一套理发工具，让许海峰当起了业余理发师。像补鞋子一样，左邻右舍的小孩子，也常常请他帮忙理发。

那个年代，补鞋和理发都是能挣钱的手艺。有一次，他给一个邻居叔叔理完发，叔叔满意地说："海峰，你要做理发师，保准是一等一的手艺！"

做神枪手

这天,许海峰踢着一块小石头,慢吞吞地往家走。高二下学期期中考试刚刚结束,他觉得除了最喜欢的物理,其他科目成绩都不理想。前些日子,妈妈还让他好好努力给弟弟妹妹做榜样,要是考砸了,妈妈一准生气!

十字路口闹闹嚷嚷,只见一群人正围着公社饭店的曹厨师。原来,饭店今晚要做鱼,曹厨师去河里叉鱼了。曹厨师叉鱼的技术了不得,饭店里需要鱼,都是他去河里叉的。

前几天,妈妈听一个来串门的上海阿姨说,多吃鱼对小孩智力好,就在饭桌上念叨着要买鱼。许海峰想:要是跟曹厨师学会了叉鱼,妈妈一定高兴，就是考试成绩出来，也不会太过生气。说真的，很多时候，许海峰想考好，就是为了给弟弟妹妹做榜样，为了让妈妈放心。

曹厨师喜欢抽烟。周末，许海峰从家里拿了一包烟，去了公社饭店。曹厨师正在择豌豆苗，见许海峰进来，以为他找什么人，正要问，许海峰却冲他走了过去。

"曹叔，我帮你择吧！"许海峰蹲下就开始帮忙。

曹厨师愣了，问道："小子，咱俩不认识，你咋要帮我呢？有事吗？"

许海峰手里择着豌豆苗，说："我想跟您学叉鱼。"

曹厨师笑了，说："想学叉鱼啊？好多小子跟我学过，学了几天，都不学了。"见许海峰疑惑，他又笑着解释，"叉到鱼是有意思，可学会叉鱼之前，一叉叉投出去，鱼腥都沾不着，可就没耐心喽！"

"我能坚持！"许海峰两只大眼睛看着曹厨师说。

曹厨师看着许海峰坚定的眼神，笑了笑说："好，下午两点，咱东桥头见！"

许海峰明白曹厨师这是答应了，从兜里拿出香烟，双手递了过去。

曹厨师笑出了声："好小子，不见兔子不撒鹰！"

下午两点，曹厨师出现在东桥头。许海峰已经在那里等了半个小时。

路上，曹厨师教许海峰怎么挑选叉鱼的地点。最终，他们找到了一条河汊，他让许海峰根据他教的方法选叉鱼的位置。许海峰转悠一圈，选了个位置，曹厨师高兴地笑起来："位置选对喽，是个学本事的小子！"

曹厨师叉鱼，许海峰就在旁边仔细地盯着他的动作，眼睛都舍不得眨。怎么拿鱼叉，怎么稳定身体，投叉的时候取怎样的角度，他一一看在眼里，不懂的就问。曹厨师越听他问越欢喜，还从没一个孩子这么认真地跟他学叉鱼的门道呢。

整个下午，两个人一个耐心教，一个细心学，一直到太阳落山，曹厨师突然叫起来："哎呀，糟了，我得做鱼啊！"

许海峰提起两桶鱼就往回跑，曹厨师扛着鱼叉，笑眯眯地跟在后面小跑，说："小子，是个学叉鱼的好手！第一次就叉着一条，行！"

这以后，每天放了学，许海峰就去河沟里叉鱼，曹厨师的鱼叉随他用。曹厨师的鱼叉是七股叉，中间一股顶端有倒刺，有时候叉到的鱼又从鱼叉上滑下"负伤逃跑"了。几天后，许海峰去铁匠铺，也打了一根七股叉，只是他的鱼叉股股有倒刺，叉着鱼，保准跑不了。半个月后的周末，许海峰带弟弟们出去叉鱼，一个下午，他们就叉到了满满一桶鱼。当抬着从大街上走过的时候，引得不少大人孩子跟着看。

后来，许海峰叉鱼越来越熟练，瞅准了，几乎叉叉不落空。两个小时左右，就能叉三四十斤。这以后，家里再没买过鱼。家里吃不完，就送给邻居们。后来有的邻居想吃鱼了，干脆来家要。爸爸妈妈都是大方人，来者不拒，每次都让讨鱼的人满意而归。

高三的时候，学校开办兴趣小组，对即将毕业的高中生进行定向技能培训。兴趣小组有美术班、音乐班、舞蹈班、学军班、学农班，还有无线电班等。学军班就是学习解放军的兴趣小组，为毕业参军做准备，也可以打枪，许海峰当然要报它。没想到报名的学生太多，许海峰没被学军班录取，只好去了无线电班。

负责学军班的王振泽老师，做事认真负责。学军班又有射击学习，他制定的纪律格外严格，执行起来也毫不留情。第一次练习射击姿势，就有一个同学违反纪律，在空枪膛里放进了子弹壳。王振泽老师很生气，让这个同学退出了学军班。

这件事在校园里传开了，别人还没反应过来，许海峰就跑去找王老师，申请替补进学军班。王老师一直教许海峰体育，也喜欢他。如今空出个名额，就收下了许海峰。

拿到了真正的枪，许海峰格外兴奋。他很珍惜这个机会，每次训练，都是最认真、最耐心的一个。

那天，大家正趴在土堆上练习瞄准，天空突然下起了雨。王老师想锻炼一下大家的定力，就什么也没说，继续纠正着大家的动作。

这时，很多同学从土堆上爬起来，拍打着身上的泥土，还有的提起枪跑去教室躲雨。几分钟后，王老师发现，只有一个同学静静地趴在那里一动不动，对着远处的靶子瞄准着。

这个同学，就是许海峰。

王老师当时没说什么，可以后再训练时，他格外注意许海峰，也愿意多指导他。他觉得，在整个学军班，许海峰是最认真的一个。

培训结束，学军班的同学每人三发子弹进行射击比赛。学军班的枪都是老式步枪，膛线也大都没了。老师把靶子放到百米外，打中的才记成绩。成绩下来，很多同学三发子弹全飞了，少数同学打中一发两发。只有许海峰，三发全中，得了第一名。

王老师也很高兴，课后，他特意去许海峰家里跟他的爸爸说："真是虎父无犬子！你家老大，是块拿枪的料！"

即将高中毕业，同学们在一起讨论各自的理想。有的说要做科学家，有的说要做人民教师，还有的说要做卡车司机，开车跑遍全中国。

许海峰说："我要参军，做个神枪手！"

是啊，只有参军，成为一名解放军，才能天天摸到枪，才能做神枪手啊！

我要参军

一九七四年底,许海峰已经高中毕业,只等着拿高中毕业证。

自一九六六年取消高考后,城市孩子高中毕业后大多有这两条出路:一是参军,二是下乡当知青。哪个男孩子心中没有一个参军梦呢,何况是立志要当神枪手的许海峰。每年年底是征兵的日子,征兵办都是男孩子最喜欢去的地方。许海峰跟其他小伙子一样,也天天去征兵办转悠。几天下来,就和征兵办的人熟悉了起来。

部队来征兵的军人姓肖,大家都叫他肖连长,跟许海峰很投缘。许海峰的好朋友小易跟肖连长说起许海峰高中打靶的成绩,肖连长很高兴,说许海峰一定能应征入伍。

许海峰就天天盼着报名验兵的日子。

这天晚上,弟弟许海松被一阵笑声惊醒了。他开了灯,看到哥哥躺在床上,闭着眼睛,笑得正开心呢!

"哥,你不睡觉,什么事这么高兴?"许海松揉着眼睛问。

"打靶呢!"许海峰笑着回答。

"打靶?半夜呢,你做梦想好事!"许海松打着哈欠去了洗手间。

第二天吃早饭,许海松想起了夜里的事,告状说:"妈,我哥半夜不睡觉,嘿嘿乐,吓唬人!"

许海峰莫名其妙,说:"谁不睡觉,谁吓唬人了?我一觉到天亮啊!"

许海松把夜里的事情一说,许海峰嘿嘿笑起来,说:"我做梦了,梦见打靶呢!"

"做着梦,二哥问你话,你能听见?"小弟弟许海波睁大了眼——大哥也太厉害了吧?

妈妈笑起来,摸一下许海波的脑袋,说:"你哥啊，是想拿枪想魔怔了！"

爸爸笑呵呵地说："进了部队，海峰一准是个好兵！"

在每个爸爸心里，也许都有个子承父业的梦吧。爸爸觉得许海峰从小喜欢部队生活，又喜欢枪，也很希望他能参军。他认为，这是儿子对他以往激情燃烧岁月的最好的致敬！

有一天聊天，肖连长问许海峰为啥想参军，许海峰告诉他，自己想当个神枪手。

肖连长笑着说："许海峰，你别以为神枪手好当，那可是不容易的！"

许海峰说："再不容易我也能当上！"

这话，让肖连长更喜欢许海峰了——有志气的兵，一定是好兵！

报名验兵这天，许海峰起得格外早。比他更早的，是爸爸妈妈。妈妈还特意做了好吃的。

吃过饭，妈妈想让爸爸陪着去。爸爸说："海峰已经长大了，这样的事该自己做。要是连报名都得家长帮着,就是当了兵也不合格。"许海峰觉得爸爸说得对,约着小易去征兵办。

验兵结束,别人表格上写的是"正常",只有许海峰的表格上,一个个"健康"格外醒目。小易看着许海峰的表格,羡慕地说:"海峰,就凭你这体格,一准第一个被录取!"

正高兴着呢,一个军人指着许海峰的报名表说:"许海峰,一九五七年八月一日出生,你这年龄不够征兵要求啊!"

许海峰蒙了,着急地问:"我高中毕业了,年龄怎么不够啊?"

军人笑起来:"高中毕业可不代表参军年龄合适。你呀,还差八个月,明年再来报名吧!"

许海峰万万没想到因为年龄被征兵办拒之门外。他看着小易的表格被收上去,自己的表格被退回来,心里难受得不行。

从征兵办出来,小易安慰他:"海峰,今年不够,明年就够了。你身体条件好,枪法准,绝对没问题!"

肖连长走过来,跟他说:"许海峰,刚才的

体检报告我看了，这么多应征的，你身体条件最好！唉，真可惜，我还盼着替部队带走你这棵好苗子呢！"

明明是丽日晴空，许海峰心里却闷得难受。他有一搭没一搭地踢着块石子，漫无目的地走着。

天黑了，风吹在脸上，格外冷。许海峰不想回家。早上出门的时候，弟弟海波说："哥，等你发了新军装，我要穿着照张相！"自己当时也笑嘻嘻地答应着，可竟然是这个结果。

一只手搭到肩上，许海峰回头一看，是小易。

小易说："海峰，别泄气！你身体素质这么好，明年报名一定行！刚才去你家，阿姨和叔叔正担心你呢，赶紧回去吧。"

许海峰用力握一握好朋友的手，往家走去。

小易各项指标都合格，顺利参军。送好朋友走的那天，许海峰一直送出很远都舍不得离开。肖连长也舍不得许海峰，一直嘱咐他："明年你一定记得再报名啊！要是我能来，第一个录取你！"

参军不成，许海峰就响应号召，上山下乡当知青。

爸爸说："在村里，你一定要好好锻炼，可别小看农民，多少知识都是农民靠手脚劳作摸索出来的！"

许海峰嘴里应着，心里想：等着瞧，一年我就把村里的农活儿都学会！

每个知青都有几十元的安家费，许海峰用这笔钱，去芜湖第一百货公司买了一支气枪。他要好好练枪法，等应征入伍，到了部队，尽快练成神枪手！

能干知青

一九七五年四月四日,一个浓眉大眼的小伙子,背着简单的行李,来到了安徽省和县螺百公社太基大队知青点。

挨着大队部的知青点,住着十三位知青,最早的一位是一九六八年来村里的,已经是老知青了。

知青点有个不成文的规矩,新知青来了,大家都会做些好吃的来欢迎新伙伴。许海峰来了,也是这规矩。

知青点的厨房很简陋,中午负责做饭的林丽,是个大许海峰几岁的女知青。她在厨房转了几圈,除了几把青菜,一篮子豌豆苗,没有别的食材。看着跟进来帮忙的许海峰，她说："海峰，真抱歉，没啥好吃的招待你。"

许海峰挠挠头，笑嘻嘻地说："丽姐，你会做鱼不？"

林丽两手一摊："可我没鱼做啊！"

许海峰撂下一句"你等着"，便提起旁边一只水桶扭身往外跑。林丽跟出去，许海峰已经跑远，她只好大声喊："海峰，不用去买鱼——"

许海峰扭头嘻嘻一笑，说："好，你等着！"

林丽在厨房忙碌做饭。她炝锅的时候，特意多放了两勺春节时队里分给知青点的板油，让饭桌上的青菜显得不那么寒酸。在她眼里，许海峰还是个小弟弟呢，离开家来到知青点，该得到大家的照顾。半个小时后，青菜和豌豆苗都炒好了，林丽又去自己箱子里翻找一番，找到了五六块糖果，一并摆到了饭桌上。

上工的同伴该回来了，她走出厨房，朝远处望去。

同伴小吴和小张抬着一只水桶，正快步朝知青点走来。跟在他俩后面的许海峰，像个打虎归来的武松。

"丽姐，咱们有鱼吃啦！"小吴扬起手，笑嘻嘻冲林丽喊。

"分鱼了？"林丽叫起来。平时队里打了鱼，都会分一些给知青点。今天分鱼，正好用来招待许海峰。

小吴和小张哈哈笑起来，也不回答，快步把水桶提到厨房门前。林丽往里面一瞅，竟然有七八条鱼。

"这么多鱼！我赶紧收拾，加个好菜，招待海峰！"林丽说。

"丽姐，可不是我们招待海峰，是跟着他一饱口福呢。鱼，是海峰叉的！"小吴笑嘻嘻地说。

林丽一双眼睛瞪得溜圆，问许海峰："哎呀，海峰，你这么厉害啊！一会儿就叉了这么多鱼，鱼叉呢？"

林丽吃惊的表情让许海峰不好意思，他腼腆地挠挠头。

小吴把抬水桶的树杈抽出来，举到林丽面前："就这个！"

"哎呀，一根树杈就能叉这么多鱼！"林丽把树杈拿在手里，又回身看一眼桶里的鱼，惊讶得不行。

小吴怪叫起来："丽姐，我饿死啦！"

许海峰一挽袖子，说："那我去收拾鱼！"说完，提着水桶向知青点旁边的小溪走去。林丽跟过去，只见许海峰拿着鱼，熟练地刮鱼鳞，清理内脏，一会儿就收拾好了。

鱼在铁锅里炖着，一阵阵香味飘出来。上工回来的知青隔老远就闻到了香味，他们笑着跑进厨房，一边跟许海峰打招呼，一边问做了什么好吃的。

这顿饭，大家吃得格外香，也格外尽兴。吃完饭，许海峰保证，以后知青点的鱼，由他供应。

第二天一早，许海峰就随大家上工。队长笑呵呵地看着他说："海峰，你年纪小，干点轻省活儿，跟着老营去放鸭吧。"

老营是个四十多岁的女人，身有残疾，只有一条胳膊，队里就安排她放鸭。许海峰红了脸，说:"我不干这么轻松的活儿!"又指着队长身边几个男劳力说:"他们干什么,我就干什么。"

大家都笑了起来。队长也哈哈大笑,说:"来了个干活儿不要命的!要不怕累,随你!"

这天,男劳力往田里运肥。运肥可不是个轻省活儿,得沿着田间小路把肥料挑到地里。许海峰拿了一副担子,跟着男劳力往肥堆里走。一个男人说:"海峰,你刚高中毕业,啥活儿不会干,怎么就挑了运肥这个活儿呢?一会儿你要受不了,就跟队长说说干别的。你年纪小,又刚来,他不会计较的。"

许海峰朝男人笑笑,说:"好,听你的!"

两个人挑上肥,男人在前面,许海峰跟在后面。走一段,男人就扭头往身后看看,想要等一等许海峰。可许海峰紧跟着他,根本没落下。

说真的,看着别人挑肥轻松,自己试过才知可真不轻松啊!扁担把肩膀压得生疼,挪一挪,换到别处,一会儿这处又疼了。可许海峰咬牙坚持着,一声不吭,一天下来,没有落下一趟。

吃晚饭的时候,小吴一个劲儿夸许海峰:"海峰，你这人，实在，干活儿不偷懒，好样的！"

事实上，这个晚上，许海峰肩膀火辣辣地疼，睡觉都不安稳。

上工几天，村里就传开了：新来的知青许海峰是个能吃苦肯下力气的小伙子！

许海峰干农活儿可不是下蛮力。他脑瓜灵活，干什么事都注意看门道，找窍门。

这天下午，许海峰早早地完成了队长交给的任务。回知青点的路上，遇见一个老人正在翻耕农田，他就一直站在地头看。老人笑呵呵地问他有什么事，许海峰说想跟他学耕田。

老人是个和气人，没笑话这个学生娃，还手把手地教许海峰耕田。学到傍晚，许海峰竟然真的学会了：他把犁扶得稳稳的，垄沟犁得直直的，前面的黄牛也四平八稳地走着，一点儿不跟他置气。

第二天一早队长分派任务，有犁田的活儿。许海峰早早凑到队长面前，说："队长，我去犁地吧。"

许海峰自从来到队上，干什么活儿都跑在前

面，还干得一板一眼，队长很满意。可犁田这样的技术活儿，他还真不信许海峰能行。许海峰看出队长的心思，说："队长，我一定能把那块地犁好，你放心好啦！"

"那你可得保证，别把牛弄伤了！"队长不怕田犁不好，大不了找个熟手再犁一遍嘛。在乡下，牛可是种田的好帮手。队里就那么几头牛，他舍不得伤了它。

许海峰一拍胸脯做了保证，扛着犁牵着牛走了。队长看着他的背影，有些疑惑地问："咦，他啥时候跟牛这么熟了？"队长当然不知道，许海峰没事的时候，常去队里的牲口棚，早跟队里的牛成了朋友。

犁田、耙田、除草、插秧、割稻子……一年过去，这些农村男人做的活儿，许海峰都学会了，一点儿不比村里的男劳力差。

插队期间，许海峰生过好几次病。他每年都得疟疾，导致肝脾比正常人大一些。他得过血丝虫病，吃了一年的药才治好。

有一年夏天，他给中稻①打农药的时候，腿被稻叶划破，导致农药中毒，高烧五六天不退。这期间，许海峰一直昏昏沉沉，有时候还会陷入完全昏迷状态。最后实在没办法，队长派人把他送回了家。妈妈一看许海峰这样子就哭了，爸爸赶紧把他送到医院。

医生一检查，生气地说："怎么才送来？要是再晚一天，命都没了！"医生说得凶，可流着眼泪的妈妈终于松了一口气——医生的话让她明白，儿子的命保住啦！

这次中毒受伤，许海峰大腿上留下大大小小四十多道疤。

---

① 中稻：栽培稻中的中熟类型。——本书脚注若无特别说明，均为编者注

七十三行

插队后,许海峰一直记得肖连长的话,从没忘记征兵的事情。这年冬天征兵的时候,他回镇上买清漆,顺路去征兵办要表格。

肖连长没来,可许海峰腰杆挺直,浓眉大眼,来征兵的军官也很喜欢他。可聊天的时候,听说他做了大半年的知青,军官叹了口气,说:"小伙子,你这插队还不到一年,不能报名啊,明年再来吧。"

那一刻,许海峰心里酸得不行,第一次感到深深的无力。去年,他虽然失望自己年龄不够,可到底还满怀希望。不论是肖连长临走的话,还是朋友小易从部队发给他的信,都让他觉得,这一次通过验兵是板上钉钉的事!

可现实却是希望越大,失望越大!

看他失神的样子,征兵的军官安慰说:"小伙子,别失望,明年再来。按你的条件,一定行!"

一定行吗?前一年肖连长和小易这么安慰他的时候,他心里也这么想。此刻,他却有些不确定。插队三年后,谁知道会发生什么事呢!

往常去县里买清漆,许海峰都要回家看看。这次,他不想回家,也不想求爸爸说情。他知道,就算开口,爸爸也不会找人帮忙。

爸爸曾经对他说"有本事靠自己",从那以后,他就下决心,遇到难事自己解决,再不求人!

去供销社挑上清漆,许海峰就往回赶。往日三个小时的脚程,今天他却走了五个小时。到知青点的时候,大家已经吃过晚饭。林丽要给他做饭,他说吃过了,一头就倒在床上。

第二天,许海峰破天荒请了假,在知青点的竹床上蒙头躺了一天。

这天晚上,许海峰去村里的供销社买手电筒电池。白天农活儿多,他喜欢夜里去叉鱼。如今村里人人都知道他是叉鱼的好手,想吃鱼了,跟他说一声,他一准给弄几条。夜里叉鱼需要手电筒,叉到上了兴头,往往一两个小时,很费电池。

供销社漆黑一片,原来是线路坏了,电工忙了半天,还没修好。

许海峰把供销社老李的手电筒拿过去,顺着线路检查一番,让电工举着手电筒照明,一会儿电灯就亮起来。

电工笑着夸他:"海峰,你这水平,要抢我饭碗哩。"

队长来了,听了电工的话插嘴说:"放心吧,不抢你饭碗。海峰,学校里缺个老师,你去当老师怎么样?"

许海峰嘿嘿一笑:"队长,我不当电工,也不当老师。我还有一些农活儿没学会呢!"

许海峰早就下定决心,既然到村里插队,就要把所有农活儿都学会,这样,才不枉插队锻炼呢！

乡下的农活儿很累，可许海峰每天都干劲儿十足，好像所有的农活儿都是小事一桩。

小吴感叹："海峰，你来了才多久，咋啥农活儿也难不住你了？"

林丽在一边搭腔："海峰不惜力气，又爱动脑筋，干什么都是好手！"

那天，村里的磨面机坏了。村里的电工摆弄不好，于是去公社请电工，可公社的电工去县城了。村里人着急，有人想起了许海峰。

旁边的人说："磨面机可是个大家伙，他又没学过，怎么可能会修理？"

提议的那人说："行不行试试嘛！咱在这里干等着，请他来看看又耽误不了啥！"

许海峰来了，鼓捣一阵，磨面机声又欢快地响了起来。那个提议的人得意了，说："小许，你这小伙子啊，怎么什么都会？人家说天下活计七十二行，你是七十三行，行行行啊！"

因为做活儿好，热心，村里人都喜欢许海峰，他有什么事，大家也都愿意帮忙。

　　夏天来了，村里的西瓜熟了。隔一段时间，队里会分瓜，知青点也有一份。可知青点都是青年人，分了瓜立马就吃个尽兴，一两天就吃完了。

　　夏日的夜晚格外闷热，大家除了在院里说说话，没啥娱乐活动。这天晚上，大家正聊着天，林丽叹口气，说："大热天，要是有个西瓜，解解暑，解解闷，多好！"

　　许海峰听见了，去屋里拿上手电筒和鱼叉，就往院外走。

　　林丽看见了，喊："海峰，你叉的鱼还有六七条呢！"

　　许海峰回了一句："我再叉些。"

　　一个男知青笑起来，说："丽姐，海峰是闷得难受，叉鱼解闷呢！"

　　许海峰很快叉了三条鱼，穿在一根柳条上，提着去了瓜田，跟看瓜的老人说："于伯，给您几条鱼尝尝。"

　　于伯接过鱼，笑呵呵地说："小许，我吃过好几次你的鱼了。这么晚了，你来有事？"

许海峰说："我们知青点的人想摘个瓜吃。我跟您商量商量，拿鱼换瓜行不？您啥时候想吃鱼了，跟我说一声，我一准及时给您送来！"

于伯笑起来，说："你就是不给鱼，我也给你瓜。你们还是孩子呢，离家远，吃村里个瓜，我能不给？咱们全村都吃过你的鱼，给你们个瓜吃，谁也说不出什么！"

许海峰拿着西瓜回到知青点，大家刚进了各自的宿舍要睡觉。他喊一声"吃瓜了"，所有人都跑出来。

的确，许海峰的鱼，不仅送给看瓜人，还常常送给村里人。就连上级来检查工作需要管饭，队长也常常派许海峰去叉鱼来招待。每次叉了鱼，队长都说给许海峰记着，以后队里有了钱再给他。

几十年后许海峰想起这件事，还笑呵呵地说："我们队上还欠我几百斤鱼呢！"

许海峰说知青队是"我们队上"，在他看来，虽然是插队，可他已经把自己当成村里人了。

太基大队有个保险柜厂子。那时候做保险柜的铁皮是废油桶,把废油桶剪开,折成保险柜的形状,里外两层,中空部分用水泥填充,半成品就出来了。这时的保险柜表层凹凸不平,除了敲打平整外,还需要把泥子抹在里外层,干了后用砂纸细细磨平。表层上再涂一层绿清漆,保险柜才算是完工。

别的原料都好弄,就是清漆难买。队长知道许海峰的爸爸是供销社的,硬是把这重任交给了他。许海峰没找爸爸帮忙,直接找到了供销社主任易叔叔。

易叔叔说:"海峰,购买清漆也得跟上级部门申请指标。你跟我说说申请指标的理由,理由充分合理,我一定多给你。"

来的路上许海峰就想好了,说:"易叔叔,咱们供销社是干什么的?最重要的任务就是支持农业生产嘛!村办工厂,技术员少,技工少,购买资料渠道少。咱供销社不支持,就没了活路了!"

看他皱着眉头扮出来的苦相,易主任哈哈笑

起来，说："小子，理由充分，批给你！"

第一次挑着清漆回村里，可把大家乐坏了："这么多清漆，以后还能源源不断地供应，可是解决了大问题！"

队长更高兴，说："海峰，以后你买一次清漆，给你记五个工分！"那时候，整劳力干农活儿一天才一个工分，队长这是觉得，许海峰买一趟清漆，顶五个整劳力的贡献呢！

一桶清漆三十三斤重，许海峰每次挑两桶。十几公里的路，单程就得三个多小时。许海峰的肩膀早已耐压耐磨，十几公里的路程虽然累，倒也不算难熬。

尤其是回县里的路上，只一根空扁担，他慢悠悠看看路边的庄稼，学几声鸟鸣，倒也自在得很。有时候，他带着气枪，打好多麻雀带回家。有一次，竟然打到一只兔子，让弟弟妹妹们惊喜地尖叫，还养了好多天。

赤脚医生

这天,许海峰挑着清漆桶往厂子送的时候,正值正午。天热得厉害,他一边喘粗气,一边擦汗,恨不能几步走到厂子里,喝瓢凉水凉快凉快。

远远地,村里传来吵吵嚷嚷的声音,他一问,才知道有人中毒了。

当时打农药都用药桶。打农药的人把药桶背在背上,一手打气,一手举着杆子喷洒农药。那时候技术落后,药桶密封不好,打一桶农药,往往整个后背都被兑水的农药浸湿。农药能药死虫子,毒性当然不小。夏天的时候,一打就是半天,又加上热气蒸腾,农药挥发开来,那个人就是这么中毒的。前些日子村里的赤脚医生调走了，于是只好几个人抬着去十里外的邻村救治。可还是晚了，人没救过来。

到了晚上，许海峰他们正在知青点院子里聊天，这时队长来了。队长来，是想让许海峰接替走了的赤脚医生，给村里人看病。原来，有一次，队长带着大家去离村很远的一块田里劳作。正干得热火朝天，一个老人哎哟叫着坐在地上。原来，老人的腿疼半年了，舍不得去看病买药，这几天疼得格外厉害。许海峰凑过去，问了问老人的症状，说："老人家，待会儿我给你找些中药，你把药水煎后熏洗患处，试十来天，看看管不管用。"当时，队长还有些不信，可过了些日子，老人的腿真的不疼了。这件事，队长就记在心里了。

"海峰，以前让你当老师，你说刚来还没学会农活儿。如今，你来了两年，样样农活儿都在行，这医生你得做。今天中毒的夏庄，要是早点救，说不定还能保住命……这现在，留下三个孩子，怎么过嘛！"

这个夏庄，跟许海峰学过叉鱼，还给过他几次青菜，与他熟悉得很。傍晚听说夏庄没救过来，他心里就不好受。再说，那时候各家条件都有限，就是有病也很少去镇上的医院，平时头疼脑热不断，实在不能没个医生。

就这样，许海峰做起了村里的赤脚医生。

爸爸喜欢中医，平时家里常放着中医书，许海峰上中学的时候就时不时翻看。爸爸见他感兴趣，有时也跟他聊中医知识。爸爸还说，中医是老祖宗留下的宝贝，很多时候用得上。许海峰觉得腿疼的老人是坐骨神经痛，让他用宽筋藤煎水熏洗患处，这正是爸爸中医书上的方子。

做医生不仅要有做医生的样子，最重要的是有做医生的本事。依许海峰的性格，更是做什么都力求做到最好。他回家搬来爸爸的中医书，又去书店买了不少医书，开始学习医学知识。而且，从这以后，他每次回去买清漆，也抽空去医院跟医生们请教医学知识。

上任一个月，许海峰就得到了大家的认可，都说小许看病有耐心，药下得准，打针也不疼。

做赤脚医生的两年间，许海峰救活过四个农药中毒的人。他常常为此自豪，救活四个人，就是挽救了四个家庭啊！

这天晚上，知青点静悄悄的。上了一天工的知青们已经进入梦乡，许海峰还在灯下整理行医笔记。这是他的好习惯，做什么事，都喜欢记下来，省得以后忘了。用他的话说就是，好的记下来当经验，坏的记下来当教训。

急促的脚步声传来，一个男人在窗外急急地叫："小许，你还没睡吧？我家婆娘要生了！"

接生？许海峰感觉脑袋嗡的一下。他是个二十来岁的小伙子，连女人生孩子都没见过，怎么会接生？可人家找来了，他是村里唯一的赤脚医生，哪能推辞？

他急忙穿好衣服，把男人迎进屋，说："我没接生过，得先看看书！"

也许是许海峰七十三行的外号，也许是许海峰救过几个人的先例，男人听了这话，竟然也没慌，等着许海峰照医书带好需要的医疗器具。

远远地，就听见女人又哭又叫。许海峰急出一头汗，长长吸一口气，嘱咐自己不能慌——他要是慌，这对夫妻更慌。

许海峰翻动着医书，叫女人的婆婆给女人煮鸡蛋吃，又安慰女人别大喊大叫，省着力气生孩子。足足一个晚上，许海峰强迫自己镇定，翻看着医书指导女人生孩子。

终于，孩子生下来了，一声清脆的啼哭让大家长舒一口气。许海峰按照书上说的，用消毒后的血管钳夹住脐带，用线扎起来，最后用消毒剪刀剪断。

一家人欢欢喜喜围在床边。许海峰却感觉浑身虚脱，没有了一点儿力气。他觉得，这一晚上比农忙干活儿时都累人。他抖着手收拾药箱和医书要离开，女人的婆婆却拦住不让他走，还去厨房煮了一碗挂面。

当地平时都是吃稻米，队里只一块麦地，收获后分给各家。各家把麦子拿到挂面厂换了挂面，当稀罕吃食招待客人。孩子的奶奶感激许海峰，把他当客人招待。更让他吃惊的是，那碗挂面里，卧着四个荷包蛋——在当地，就是招待最尊贵的客人，主人也只卧三个荷包蛋。

一九七六年底，许海峰当赤脚医生期间，第三次去报名参军。那天，他特意请了假，兴冲冲地去了征兵办。没想到，他再次被狠狠打击：插队满两年才能报名参军，他还差几个月！

三次报名不成，对许海峰打击很大，差点使他就此断了参军当"神枪手"的念头。

遇到伯乐

一九七八年底,许海峰回城修理气步枪,顺路回家。这天是爸爸跟老战友们一年一度聚会的日子,家里格外热闹。

见许海峰回来,爸爸说:"海峰,我招待叔叔们吃鱼,你去叉些来。"

许海峰虽然心情差,却一点儿没表现出来,带着海波出去个把小时,就拎着一大桶鱼回来了。叔叔们都夸许海峰叉鱼有准头,爸爸也高兴,说:"要是有射击比赛,我这老大也一准能行!"

查叔叔说:"有啊!教过海峰体育的王振泽老师,如今就在巢湖地区当射击教练员。他爱才,一准收下海峰。"

王老师原来是国家一级教练员和一级裁判员，现在在中学教书。他跟许海峰的爸爸性情相投，经常有来往，后来调到邻镇的西部中学才失去了联系。

临近春节，许海峰帮妈妈买年货回家，远远就看见家门口站着一个人，冲着自己和妈妈打招呼。竟然是王振泽老师！

他带着一把小口径射击步枪来，要考一考许海峰的枪法。原来，查叔叔跟他说起许海峰打麻雀的事情，他记起了许海峰在学军班打靶第一名的事情。这天忙里偷闲，终于从三十多公里外的训练基地跑来了。

妈妈让海波快去供销社喊爸爸。王老师说："我得先考考海峰，吃饭待会儿再说。"

镇子外面是一片片水田，水田中，有几个土堆顶部露出水面。王老师把枪递给许海峰，指着一个土堆说："来，打一枪试试。"

许海峰很兴奋，心咚咚跳。这不是打靶的老式枪，也不是打麻雀的气步枪，是真真正正的射击步枪啊!

他深深吸了几口气,平静一下心情,举枪,瞄准,射击——土堆顶部散开一片土雾!

"那个,土块!"王老师指着顶部最尖的那个土堆。土堆顶部,是一个拳头大的土块。许海峰瞄准土块,一枪打出去,土块应声碎了。

王老师忍不住激动起来,扭身拍着许海峰的肩膀大声说:"好!海峰,好!"

回到许海峰家,爸爸已经回来了。听说王老师来了,爸爸拿出家里的好酒。妈妈看见了,打趣说:"老许,你不是说好酒要等将来招待亲家的时候喝吗,今天怎么舍得拿出来了?"

爸爸笑起来,说:"王老师能收下海峰,比他找了女朋友都好,当然得喝!"

王教练一脸满足,说:"嫂子,今天我得放开喝。我还从没见过这么好的射击苗子,只有喝好酒庆祝才行!"

借调到射击队,得跟村里请假。许海峰叉了两条鱼,提着去了队长家。队长痛快得很,他说:"海峰,自从你来了,大家要吃鱼你叉鱼,厂里需要清漆你买清漆，农活儿样样会，还救人当医生。你放心，只管去。就凭你那枪法，保准打个第一名，得个状元来！"

队长家老三翻了个白眼，说："爸爸，那不叫状元，是冠军！"

队长一瞪眼："一个样嘛！"又扭头冲许海峰说，"你出鱼，我出菜，咱俩喝一场，替你提前庆祝！"

春节后，许海峰开始在地区集训队学习射击，备战安徽省第四届运动会。

集训队里，许海峰年龄最大。每天一早，王教练讲解完射击要领，许海峰这个"大哥大"就带大家骑自行车去郊外的河边训练。

整个上午，许海峰和大家都在野外训练。偶有闲暇，他站在河边，望着缓缓流淌的河水，听着苇丛中清脆的鸟鸣，觉得自己跟做梦一样——这样的日子，多美好啊！

下午，大家回到集训处复习射击动作和要领，许海峰还要补靶纸。

那时候，一张靶纸几分钱，为什么要补呢？事实上，当时的射击队资金很有限，就因为资金问题，连手枪都没有，他们也只能参加气步枪训练。打过的靶纸，许海峰找来面粉，用水和匀，堵上射穿的枪眼，第二天继续用。只有实在补不成的才扔掉。

白天的时候，许海峰从不打实弹。夜里，大家休息了，集训场地安静下来。他来到二楼，给那个九米长的房间换上一百五十瓦的大灯泡，自己站到房间外面一米长的楼洞尽头，进行每天四十发子弹的实弹训练。

夜深了，周围静悄悄的，许海峰心里平静而欢喜。他举枪，瞄准，射击——对他来说，每一个动作都那么享受，他愿意时间永驻，让这份享受永在。

每次射击前，许海峰习惯预估一下自己的成绩。他发现，随着训练的深入，他的预估也越来越接近真实成绩。

看到白天许海峰忙碌大家的事情，王振泽教练有些着急。训练第五天，他跟许海峰来了一场很正式的谈话："海峰，参加巢湖地区射击训练的队员，可都是参加了第三届地区射击比赛选出来的好手。他们学得比你早，学射击也刻苦，水平绝对差不了。你有射击天赋，可一个人的水平，绝对不是靠天赋就能行的。"

许海峰郑重地点点头："教练，我知道整个射击队，只有我是没有经过层层选拔直接来队里的。我一定好好训练，不给您丢脸。我保证，我这发子弹一旦出膛，会直奔目标，瞄不准不扣扳机，打不出好成绩不见您！"

王教练两手重重地拍了拍许海峰的肩头，说："好！我没看走眼！"

的确，训练中，许海峰跟做其他事情一样，从来不莽撞。他是个自信的人，也是遇事冷静的人，每一颗子弹都是有把握的时候才射出。一个月下来，他就总结出了窍门：比赛比的就是心理素质，平时训练掌握好射击要领，射击的时候胆大心细，心境平和，绝对能打出好成绩。

射击冠军

在王教练的悉心指导下,许海峰的射击水平大有长进,开始走向专业化。

王教练很高兴,有天训练结束,他说:"海峰,你有天赋,训练又刻苦,进步非常快!我感觉,你只要把这个状态保持下去,获得冠军的可能性很大。如果得了冠军,就能抽调到省射击队,从事专业射击训练。好好努力吧!"

许海峰站在那里,心情好久都不能平静下来:在省队从事专业射击,那是多美好的事情啊!

这一刻,许海峰的人生目标从没有过地清晰:得省冠军,调进省射击队,一辈子搞射击!

一九七九年三月,去合肥参赛的前一天,爸

爸来了。平时说话不多的许海峰,这天跟爸爸聊得格外多。他说他一定能得冠军,也一定能做专业射击运动员。

爸爸替儿子高兴,等儿子兴致勃勃地说完,他拍拍儿子的肩膀,示意他带自己去射击场。

站在射击场边,他说:"海峰,比赛那天,你不要想太多。最需要的是稳住心思,像钉子一样站在靶位上,心里想着靶心,瞄准!心要静,手要稳,这样才能发挥出真实水平。"他又指着许海峰的队友说:"看他们,才十八九岁。你这个年龄,没有多少机会了。当面临人生机遇的时候,你必须一次击中靶心,才有你憧憬的可能!"

多少年后,许海峰还庆幸爸爸那天去看他,说出那一番让他静下心来的话!

安徽省第四届运动会射击场上,许海峰看到省队的运动员也都比他小,却已经在专业射击队训练了好几年,枪拿在手中,别提多熟练。

比赛开始,站在靶台上的许海峰深吸一口气,抛开杂念,全神贯注于手中的枪,只想着打好每一发子弹。他的确像爸爸嘱咐的那样,像一颗钉子钉在靶台前，仔细专注！

这次比赛的规则是每人四十发子弹。有的参赛者打得很快，影响了身边的参赛者的射击节奏。许海峰凝神静气，不受别人影响，只按照自己的节奏射击。四十发子弹打完，靶台上只剩下了几个人。

王教练走到许海峰身边，没有说话，只重重拍拍他的肩。全场静悄悄的，都屏气凝神，静等射击成绩的宣布。

"第一名，许海峰，387环！"

王教练扭身，猛地抱住了许海峰！

这次比赛，许海峰不仅夺得了省运会气步枪射击比赛冠军，还破了省纪录！王教练很有信心地说："海峰，放心吧，我已经跟省队推荐了你，你一定能做专业射击运动员！"

比赛结束回到家里，全家人都替许海峰高兴，妈妈做了很多好吃的为他庆祝。弟弟妹妹围着他，手里传递着金牌，怎么也看不够。

许海峰觉得，自己的人生将开启完全不一样的征程。这征程那么明亮美好，让他觉得前途一片光明。

可谁也没想到，省射击队拒绝录取他！

王教练带着许海峰去了省射击队，找到省体委主任。

主任也很为难："老王，我知道许海峰是棵好苗子，我也喜欢他！可你看看，咱们培养射击运动员，是为了向国家队输送人才，为一九八四年的第二十三届奥运会做准备。文件规定，今年只录取一九六〇年以后出生的。我快把许海峰的出生年月盯出窟窿了，可一九五七年八月一日出生，比规定多出去近三年啊！"

王教练打住主任的话，说："咱们比赛，是按照什么？按照年龄？比赛可从不分年龄，只排成绩！"

主任点点头，说："是，是按照成绩。可你也知道，按照正常计算，达到国家队水平，最快需要四年，要达到世界水平，最快也得四年吧？那时候，许海峰三十岁了，射击的黄金年龄都过了！咱们体委还穷，得集中精力培养更有潜力的年轻运动员。录用大龄运动员，是资源浪费啊！"

王教练说："我保证，许海峰的射击天赋比别人好，训练刻苦，一定能有好成绩！"

主任说："老王，以后如何可谁也不能保证。咱们不能放任自己的情感，得为体育事业负责啊！"

玻璃窗外——许海峰站在院子里，仰头望着天空一只高飞的鸟儿。此刻的许海峰，两眼蒙眬，只是不想让眼泪流出来，只好仰着头，硬生生把眼泪憋了回去。

王教练隔窗望着许海峰，主任也看见了许海峰，重重叹了口气。王教练张了张嘴，最终什么也没说出来，叹了口气，走出办公室。

天很闷热，好像憋着一场瓢泼大雨。坐在回程的车上，许海峰不想说话。公路两边是遍野的油菜花，来的时候，它们那么让人欢欣鼓舞，可此刻，它们还在田野里热烈绽放，自己却像霜打的一样。

王教练很想安慰安慰许海峰，可他知道，什么安慰的话，在此刻都不起作用，他也很后悔当初给了许海峰那么大的希望。

许海峰独自坐在座位上。车到半路，雨终于哗哗地下起来。他打开车窗，任凭雨水打到头上脸上。此刻，他终于可以借助雨水的遮挡，流出一串串滚烫的泪水。

多少年之后，许海峰回忆起这一幕，还记得清清楚楚："当时，真是五雷轰顶的感觉。我在家把玩着自己的气步枪，心里堵得难受。那几个月一心想的就是做专业射击运动员，被省队拒绝，明明是宣告我的射击生涯刚开始就到了尽头。那些天，我做什么都没有心情，回到村里，除了给人看病，就是闷在知青点。好在，半个多月以后，我也厌恶自己的消沉，慢慢说服自己，缓了过来。"

负责任的营业员

一九七九年，二十二岁的许海峰招工回城，成为和县新桥区供销社的一名营业员。

骑车飞驰在上班路上的许海峰，又想起了昨天家里的情景。

吃过早饭，妈妈就带他去买新衬衣。他本来不要，妈妈说："第一天上班，妈妈希望你精精神神的。"弟弟妹妹们也起哄，说要看看大哥穿上新衣服的样子。

妈妈挑中了一件白衬衫，说如今都流行这个，穿起来精神。对妈妈的决定，许海峰全盘接受——即使穿新衣服有些别扭，他还是在商店里试了一下，只为了让妈妈高兴。

回家的路上,妈妈又突然叫住他:"海峰,你得理理发。"

许海峰笑起来,说:"妈,我回城的第二天就理了发,这还不到十天,你忘了?"

"妈还没老,哪会这么没记性?"妈妈嗔怪地拍了一下许海峰的胳膊,又说,"这几天头发又长了啊!赶紧再去理理!"

理完发回家,已经近中午。妈妈进厨房做饭,下班的爸爸把他叫到了客厅。

爸爸看着他,说:"海峰,你回城上班爸妈都替你高兴。可你要记住,上班可不只是拿工资的事情,你是供销社营业员,这工作关系着五个公社七万多人的物资供应。有些人会用权力为自己讨好处,要是有人许给你好处,你该怎么办?"

许海峰从沙发上站起来,说:"爸,你放心!我在村里待了这几年,知道村里人的不容易。我一定公公正正,该谁的就是谁的,绝不会有私心,绝不会为自己谋私利!"

供销社第一排房子是日用品销售部,青砖粉墙,在周围的建筑中,显得格外气派。当时的供

负责任的营业员

销社，可是很吃香的单位，不仅卖油盐酱醋茶，还掌握着自行车、布匹、钟表等紧俏货的指标，谁家要买稀罕物，都得通过供销社。

在供销社上班第一年，许海峰卖油盐酱醋茶，也负责收购。许海峰工作认真负责，受到大家的信任。第二年，他调到生产资料口，负责化肥的储存分发工作。

后排是化肥储存销售部。那时候化肥全由供销社负责销售，仓库建得格外大。最西面是半开放的大棚，里面叠放着一摞摞草袋子，主任告诉他这是磷肥，因为不容易挥发，可以半露天存放。容易受潮挥发的化肥，都放在一排仓库的一间大屋里。

副主任带着许海峰一一查看，边查看边介绍化肥的保管和储存注意事项，许海峰都默默记在心里。到最后一间仓库的时候，副主任站在门外说："海峰，憋住气，再跟着我进去。"

虽然有些莫名其妙，许海峰还是憋住了气，跟着他进了仓库。哎呀，一股刺鼻的味道扑面而来，眼睛也被刺激得发酸发胀，只想流眼泪。

这个仓库里存放的是别名叫碳铵的碳酸氢铵。这种化肥容易挥发，又只能在密闭的空间储存，因此仓库里味道特别大。他们只待了十几分钟就再也待不住了，急急忙忙地跑了出来。

"怎么样，能行吗？"副主任看着他问。

"行！"许海峰擦着眼泪，笑嘻嘻地说。

说"行"容易，做起来真难啊！

每天，许海峰巡查仓库，搬运化肥，最怵的就是进储存碳铵的仓库。每次进去，都涕泪横流地从里面跑出来。

这样怎么行？许海峰的犟脾气又上来了！

每天搬运完化肥，巡视完仓库，许海峰就进碳铵仓库"练功"。怎么练？就是一头钻进去，实在忍不住了才跑出来。

这样的"练功"可真折磨人，刺鼻的碳铵味将他包围，刺激得眼睛直流泪，鼻子总想打喷嚏，就连喉咙里，也感受到一股辛辣的味道往上冲。

可是他静静地站在碳铵袋子边，憋着气，微眯着双眼，忍受着煎熬。每次忍不住跑出来的时候，他总是一身的汗水，感觉比扛了十几袋子化肥都要累。

那些日子，他每天早上醒来，都是两眼眼屎，使劲揉洗才能弄干净。可那时的他并不知道，他的眼睛因长期被刺激，一直处于发炎状态。一直到一九九三年，他去医院看眼睛，医生发现了他眼部的"陈旧性黄斑病变"，才明白那段经历对眼睛的伤害这么深。

副主任再一次来巡查，对许海峰的练功成果连连夸赞。

后来，许海峰说："我要感谢做化肥营业员的日子。正是在仓库里的锻炼，让我比别人更能静下心来。"

可谁也没想到，就是这位优秀的化肥营业员，竟然和来买化肥的老乡打起架来。

供销社又来了一批化肥。正值庄稼用肥时节，各乡镇的老乡约好了一样，都带着印票来买化肥。

那时候老乡们都意识到化肥对农田增产的作

用，谁家都想多买一些。可化肥是紧俏货，一家也就二三十斤，庄稼多的人家哪里够用，就有人趁机小偷小摸起来。

磷肥是草袋子，很容易弄破。有人故意弄破了袋子，把磷肥往自家买好的化肥袋子里装。还有些化肥用纸袋子，也很容易裂开，有人干脆往自己的化肥袋子里倒。许海峰发放化肥的时候，只有眼观六路耳听八方才能避免损失。

这天，他给几个年轻小伙子称化肥的时候，他们竟围在了他身边，不仅一直跟他说话，还总说秤不准，给自家的化肥少了斤两。

许海峰讲了几句理，突然觉得不对，推开一个小伙子往外围一看，两个小伙子正把一袋磷肥往推车上放呢。

他急了，几步跨过去，拽住车把大喝一声："别偷化肥！"

两个小伙子愣了一下，一个突然叫起来："营业员不讲理，给他帮忙还骂人偷东西！"

你来我往几句，一个小伙子上来推搡许海峰，另一个就要推车走人。许海峰急了，上前夺车

负责任的营业员

把，几个人打了起来。直到柜台上几个小伙子赶过来支援，才把他们拉开。

许海峰以为自己要挨批评，可副主任说："海峰，做得好！"

供销社物品都有损耗，化肥损耗最厉害。一是被偷掉，二是撒掉、挥发掉。许海峰储存化肥尽心，又敢于跟小偷小摸做斗争，化肥损耗大大降低。上班一年，负责化肥口的领导给大家算了一笔账：上一年化肥损耗三千元，从许海峰接手，一年下来损耗只有一千元！

这年年终，许海峰被评为"优秀营业员"，还发了六十元的奖金。他给爸爸妈妈买了礼物，爸爸说："你的奖状就是最好的礼物！"

现在来看，一年节省一千元似乎不多，但在那个年代，县长的月工资才一百多元，一千元可真是一大笔钱！

重大抉择

一九八〇年,因为全省的一场射击比赛,巢湖地区又把许海峰借调到地区射击队参加集训。训练进行了十天,地区射击队的领导和教练员都觉得许海峰射击水平高,拿省冠军应该没问题。

可谁都没想到,比赛报名表交上去,许海峰不能参加比赛——这次比赛对参赛队员有年龄限制,许海峰超龄。

回到家,妈妈心疼地抚摸着许海峰的头发,说:"海峰,去一次伤心一次,以后别去了。"

许海峰的确伤心,可他抑制不住自己想拿枪射击的那颗心!

一九八二年,安徽省第五届运动会,巢湖体

委又想到了许海峰。此时，王振泽教练已经离开巢湖调到芜湖，担任巢湖地区射击教练员的是吴文祥。吴教练很了解许海峰的技术，也知道许海峰的几次遭遇，所以他亲自来到了许海峰家。

妈妈不愿儿子再伤一次心。许海峰虽然想去，可如今又大了两岁，不是更超龄吗？

吴教练说："海峰，你放心，这次比赛没有年龄限制。你射击水平这么高，不从事射击，真是太可惜了。要是比赛后你还不能进省队，我请你在地区射击队做教练员！"

吴教练的话，又把许海峰这两年稍微平静的心点燃了——在他看来，只要能参赛，只要能拿枪搞射击，他不在乎在哪里。

他眼睛亮亮地看向一边的妈妈。妈妈懂得儿子对射击的热爱，在儿子眼里，射击跟他的命一样重要。如果有机会却错失，儿子一生不会真正快乐。她看着兴冲冲的儿子，什么阻拦的话也没说。

一到省集训队，吴文祥教练就把许海峰叫到

了自己办公室。他示意许海峰坐下，却好一会儿没说话。

"教练，您找我有事吧？不会又是年龄问题吧？"看吴教练迟迟不开口，许海峰着急了。

"不是不是！"吴教练笑了，连声否认。

"那是……"

见许海峰一脸忐忑，吴教练赶紧说："海峰，有件事我想好几天了。你看，气步枪是乙级项目，只能打省级比赛。你这次参赛即使拿到冠军，留在省队，将来也无法参加全国性的射击比赛。手枪呢，是甲级项目，可以打全国比赛……你，愿不愿意改换手枪项目，将来参加全国比赛？"

手枪？这个，许海峰可从没考虑过。他明白吴教练说的是事实，也是为他着想。可八月份就要比赛，不到三个月的训练时间，他又从没打过手枪，行吗？

看许海峰纠结的神情，吴教练说："你不用急着做决定，找时间尝试下手枪。"

许海峰也不知道怎么办，就写了挂号信发给

重大抉择　　89

王振泽教练。第二天，他等不及王教练回信，干脆去邮局打电话。

王教练坚决反对他改打手枪。理由就是他年龄不小了，步枪有了很好的基础。如果改打手枪，需要一切从头再来，结果难料。

这个晚上，许海峰失眠了。各种念头在脑海中翻腾，他想起自己刚进入地区集训队时，队里条件不好，冬天很冷，也没有取暖设备。在室外靶场，他一练就是一整夜，从来没有长过冻疮的手上也长满了冻疮，虽然疼痛难忍，但训练还得继续，为的就是想尽办法提高步枪射击能力。但如今，是应该坚持步枪射击，还是改换手枪，他的心里有些摇摆不定。

这些想法折磨得他翻来覆去睡不着，干脆起床去了射击训练馆。

静悄悄的训练馆一片幽暗，只有几盏小功率灯泡闪着眼睛。许海峰找到平时训练的靶位，坐到后面的椅子上，静静凝视着不远处的射击靶方向。

此刻，他看不清射击靶，可射击靶在他心里，清清楚楚在那里！

参加气步枪比赛，他觉得自己一定能拿省冠军。三年前那次，王教练说只要他拿到冠军，调到省队是铁板钉钉的事。可最后，那瓢凉水泼得他透心凉！这次吴教练说要进不了省队，就聘请他做教练员。当时这话让他信心十足，如今想来，吴教练这话是对他得冠军能否进省队没把握。

改打手枪？他从来没有练习过。还有两个多月就要比赛，还来得及吗？自己能不能很快进入打手枪的状态？如果训练不理想，耽误了气步枪训练，冠军就很渺茫，想都不要想进省队！进不了省队，何谈全国比赛？

在地区做教练员也能射击，可他更喜欢在赛场上自己跟枪的较量。那种手握着枪，自信满满稳稳打出去的状态，多迷人啊！

东方天空露出熹微的晨光。许海峰回到宿舍，洗个澡，穿上训练服，早早来到训练馆。

吴教练来的时候，许海峰已经站在手枪靶位——他要试一试手枪射击的感觉。

举枪，瞄准，射击——四十发子弹，353环！

而当时的省纪录，是344环！

第一次打手枪就破了省纪录，许海峰决定改手枪。用他自己的话说：人要自信，但是不能盲目自信；只有在认清自己的基础上自信，才能够有更好的进步！

手枪射击和气步枪射击动作有许多不同之处，许海峰真的是一切从头再来。许海峰利用来省队的有利条件，阅读所有能找到的射击资料，研究完理论，配合着训练反复练习扣动扳机的要领，研究出一套扣动扳机的动作。吴教练教得格外认真严格，许海峰学得格外努力刻苦。为了许海峰在射击上有更大的发展，师徒两个真是用尽心力。

一九八二年八月二十五日这天，许海峰站在了安徽省第五届运动会男子气手枪四十发立射项目的靶台上。试射前，他注意到旁边靶位上的运动员手里的枪格外精致，一看就比自己的上档次。

他小声问:"嘿,哥们儿,你们地区买这么好的枪,可真大方。什么牌子?"

那人笑笑,说:"我在省队。这是现在先进的进口手枪。好枪才能打出好成绩,你得弄把好枪。"

看着自己的普通手枪,许海峰想:原来进了省队,能用进口手枪!

比赛场上看比赛的观众很多。一开始,很多观众的注意力集中在省级专业运动员身上。毕竟,省级专业运动员都是各地区选拔的高手,射击成绩更值得期待。

可有些教练员和运动员,却在注意着许海峰。他们奇怪这位上届省运会冠军,参赛项目怎么变成了手枪?

比赛进行到尾声,靶台上的参赛选手越来越少。许海峰情绪没受一点儿影响,按照自己的节奏打完最后一枪。

这次比赛的手枪立射,四十发子弹,许海峰打了370环,夺得冠军,超出省纪录26环!

成绩宣布,全场轰动。懂行的观众从来没有

见过这么高的成绩，运动员和教练员们更对破纪录这么多惊奇不已。

旁边的那个省级运动员跑到他身边祝贺，说："许大哥，你用这样的手枪打出这么好的成绩，真让我……让我羞惭……"

站在领奖台上，许海峰很庆幸自己选择了打手枪。有时候，人需要破釜沉舟，不留后路地背水一战，才能柳暗花明，开辟出一片新天地。

颁奖时，省体委领导问："小许，你这枪我认识，子弹哪儿买的？"

许海峰回答说："商店买的。就是普通子弹。"

领导连连夸赞："你用咱们国产手枪，普通的子弹，战胜了那么多用进口手枪、进口子弹的专业选手，了不得！希望你再接再厉，为咱们省拿全国冠军努力！"

许海峰笑了，说："我以后会打得更好！"

领导用力握住他的手，使劲摇着，神情中的赞许让许海峰很开心：

"这一次调省队，应该没问题了吧？！"

借调风波

因为安徽省第五届运动会男子气手枪夺冠，省射击队伸出橄榄枝，想把许海峰调到省射击队。但是，因为人事关系暂时调不过去，射击队只管吃住和训练，不给发工资。

许海峰没犹豫，一口答应。在他看来，只要让他参加射击训练和比赛，发不发工资都不是问题。

人事关系留在供销社，去射击队就只能跟供销社请假。跟主任请假的时候，主任说："海峰，你是名好职工，也是我眼里的好孩子。可供销社是个单位，一个萝卜一个坑，各人负责各人的工作。你要去打枪，仓库谁来管，化肥谁来销售？

我看，你还是安心工作吧，打枪呢，当个业余爱好。赶紧上班吧，我还有事，得出去一趟。"

没等许海峰说话，他就站起了身。许海峰挠挠头，只好跟着出去。

这天吃晚饭的时候，妈妈问："海峰，你请好假了？"

见许海峰闷闷地摇头，爸爸说："海峰，供销社人手紧张，你要走了，别人就得负担你的工作，这可不行！"

第二天下了班，许海峰又敲开了主任办公室。见是他，主任问："海峰，有事？"

许海峰挠挠头皮，笑嘻嘻地说："主任，您就答应了吧。我现在做梦都是射击比赛，您要不让我去，我得憋疯了。再说，训练得了射击冠军，也是为地区和省里争光，是不是？"

主任本来想瞪眼，却被这话气笑了："海峰啊海峰，你要是疯了，可不是憋疯的，是迷枪迷疯的。下班了，赶紧回家吃饭，家里还等着！"

主任往外推许海峰，就要锁门。谁知许海峰像条鱼一样滑开，跨进办公室，反身对主任说：

"您要是不答应,我就在这里过夜。"

主任生气了,说:"好,你看好办公室,我回家喝酒去!"

吃过晚饭,主任来到办公室一看,许海峰安安静静地坐在沙发上,看他办公桌上的《三国演义》呢。主任叹口气,说:"海峰,我是服你了!好好好,你先回去,我们商量下。另外,销售化肥你是内行,去射击队前,你得培养个接班人!"

许海峰跳起来,挺胸行个军礼,说:"是,主任!人我早找好了,小付!"

主任笑了,虚踢他一脚:"你个熊孩子!"

第二天,单位开了个会,许海峰可以去射击队,可必须答应两个条件:第一,必须在短时间内培养出能接替自己工作的人;第二,不在供销社期间暂停发放工资。

这下,供销社里炸锅了,很多同事来劝许海峰:

"海峰,咱们供销社可是最吃香的单位,工资高,活儿不累,多少人找关系走后门都进不来,你真舍得离开去打枪？你可别犯傻啊！"

"海峰，打枪玩玩行，不像个正经工作。你年年都是咱供销社先进个人，舍得走？"

他在供销社最好的朋友说得更实在："海峰，能不能调过去可是未知数！要是有人来顶了你的岗，你又调不过去，可怎么办？还不发放工资，你一个大小伙子，花钱还跟你爸要？"

许海峰嘿嘿一笑，说："你也知道嘛，我就是迷恋这个。我这次铁了心，要调不到省射击队，就去做教练员。反正，我得打枪！"

好朋友盯着他看了一阵，知道说服不了他，只好说："那，祝你如愿！"

许海峰知道，供销社的工作的确比射击运动员更吃香。可他知道，他这辈子就是爱打枪，其他的工作再好，也无法替代他对射击的热爱！

一九八二年十一月，许海峰到安徽省射击队报到，成了一名专业射击运动员。一直到一九八四年五月，他的人事关系才转到省体委，结束了没有工资的日子。

进入省队以后,许海峰训练更刻苦,他白天学习、训练,晚上看有关射击训练的书籍、资料。他的参赛机会更多,获得的奖项层次也更高。

一九八三年三月,许海峰参加在上海举行的华东协作区邀请赛,自选手枪慢射以554环的成绩获得个人第一名,气手枪以587环的成绩获得个人第一名,并打破583环的全国纪录。

在上海拿到冠军回到合肥,省领导特意询问许海峰有什么困难。许海峰说:"现在最大的困难就是装备还差点。能不能批点钱,更新一下装备啊?"

一九八三年七月,许海峰代表国家参加在印度尼西亚的雅加达进行的第五届亚洲射击锦标赛,以576环的成绩获得气手枪个人第二名,团体第二名。七月二十五日,他以自选手枪慢射550环的成绩获得个人第三名,团体第三名。

这次参赛回来,省里给射击队新买的枪到了。两个月后就是第五届全运会,许海峰很兴奋,马上熟悉新枪备战全运会。

一个队友提醒："海峰，你还不熟悉新枪的性能和构造，会不会影响你全运会的成绩啊？"

许海峰笑笑，说："这么好的枪，我可舍不得把它冷落在箱子里。我相信，只要好好训练，它一定能帮我打出好成绩！"

一九八三年九月，第五届全运会在上海市举行，由于上海没有靶场，于是许海峰在上海参加完开幕式，赶往南京，在南京五棵松靶场进行了射击比赛。九月二十二日，他以561环的成绩获得男子自选手枪慢射个人第二名，并达到国家级健将标准。九月二十三日，他以580环的成绩获得男子气手枪个人第二名，也达到国家级健将标准。

# 备战奥运

一九八三年十月的一个傍晚，训练结束了，省射击队的运动员们走出训练馆，三三两两往宿舍方向走去。

许海峰把手枪端端正正放到指定位置，把身后的椅子放好，站在靶台上，静静环视训练馆。

穿过西窗玻璃透进来的霞光，将训练馆映得灿烂辉煌，也让许海峰觉得那么虚幻。

调到省队已经十个多月，可他依然迷恋训练馆。每天，他喜欢最后一个离开。傍晚的时候，空荡荡的训练馆格外静谧迷人。有时候，他觉得晚霞映照下的训练馆就像射击这项运动，平日都是波澜不兴的射击训练，只有站到靶台上，子弹射出的那一刻，才绽放出无比灿烂的光彩。

射击动作捉摸不透、训练苦闷焦虑的日子，许海峰总要在大家离开后的训练馆多停留一会儿，让满天灿烂的霞光给予自己些许安慰和鼓励。

这天傍晚，许海峰也是最后一个离开训练馆。一出大门，一个声音在远处叫他，是欧德宝教练。

欧教练似乎等不及许海峰跑过去，迎着许海峰大步走过来。霞光映在他脸上，许海峰突然感觉，欧教练要跟他说的事情，绝对是天大的好事！

"海峰，国家队初步定下了备战奥运会的运动员名单，你在里面！"欧教练走近他，压低的声音里是抑制的激动。

事实上，备战奥运会的运动员名单，他们已经猜测了好多天，教练员们也不时在办公室讨论几句。虽然教练员们舍不得自己培养的运动员，可更希望自己的队员被选拔到国家队，有更好的发展。

许海峰一直有自信会被选拔到国家队，可自信是一回事，真的被选拔上又是另一回事。他咧开嘴笑了，两边的虎牙都露了出来。嘿嘿笑了没几声，他突然一拍脑袋，问："欧教练，初步名单？是不是还会有变动？"

欧教练笑起来，又压低声音说："我们几个交流了一下，就是有改变，也不会把你改掉！你忘了，全运会的时候，可有一个人注意上了你！不过，还没正式公布，先藏着高兴劲儿。"

许海峰又嘿嘿地笑起来。他知道，注意他的那个人，是国家队的李培林教练。队友们都说，被国家队的教练员注意上了，进国家队的日子就不远了。

似乎无法表达自己的兴奋之情，许海峰跳起来，双手高举，抓住头顶上方老高的一根树枝，轻轻一荡，飞出去老高。

欧教练嘴里叫一声"小心"，却忍不住哈哈地笑起来。

一九八三年十一月，许海峰接到调令，参加

备战第二十三届奥运会国家集训队。

临行前，欧教练鼓励他说："海峰，国家队高手如云，多少射击尖子都在那里呢！你有天赋，又刻苦，还自信。我也相信，只要你好好训练，就有机会脱颖而出，参加奥运会！"

许海峰一挺胸，抬手行一个标准的军礼："是，欧教练，听您的！"

欧教练被他的调皮逗笑了，嘿嘿笑起来。

当时备战奥运会集训的有六名队员，都是国家队的高手和各省队的佼佼者。许海峰觉得自己射击训练时间最短、基础最差，一心想在国家队这个高水平的地方把射击水平和成绩提高。当时的他，根本没有想到自己有机会参加奥运会。

第一天报到，第二天李培林教练来到训练馆的时候，许海峰已早早站到自己的靶位，开始了空枪练习。李教练讲了几点射击技术问题，让许海峰不看靶纸打五十发子弹。

打完了，许海峰像在省队一样跑过去取靶纸，想看看自己的射击成绩。没想到，李教练先他一步把靶纸取了，折叠起来，根本就没让他看。他还告诉许海峰，要打一个月的密度。

打密度是射击术语。就是给射击者五十发子弹，打完以后，收走靶纸，不让射击者知道自己的射击成绩。

看许海峰一脸疑惑，李教练说："海峰，你天赋好，成绩也好，可有些射击动作不规范也是事实。打密度，就是让你忘掉成绩，把所有的注意力都放在动作的准确性、规范性上。"

这天以后，许海峰每天除了学习、身体训练、空枪练习，就是五十发实弹射击。他绝对相信李教练，可也真的很想知道自己每天的射击成绩。

这天晚上，许海峰正要关闭训练馆的灯准备离开，一个声音叫住他，原来还有一名队员没有走。可那名队员不是在自己的靶位上，而是从二楼匆匆跑下来的。二楼，是教练员办公室。

"小丁，教练找你谈话了？"许海峰顺口问。

小丁不好意思地说："没，没……这几天打密度，教练不让看成绩。我憋不住，偷偷去看了看。"

"看到了？"许海峰停住步子。

"就在教练办公室抽屉里。我猜,你的也在李教练的抽屉里。你要看,我等你。"小丁一脸怂恿的神情。

许海峰拔腿往二楼去,嘴里说着:"等着我,一会儿下来。"

许海峰几大步跨上二楼,站在李教练办公室门口,却没有马上推门。多奇怪的感觉啊,他竟然希望办公室的门是锁着的。

他深吸一口气,压一压自己的心跳。就是在全运会上,他的心跳也从没这么快吧?

伸手,轻轻推门,门开了。办公室没开灯,可外面的灯光映进来,里面朦胧可见。办公桌后面的椅子上,当然空无一人,可许海峰恍惚觉得,李教练就坐在椅子上,瞪眼看着他。

许海峰觉得心跳又快起来。他伸手开了灯,办公室像往常一样,整洁干净。他再次深吸一口气,走到办公桌后。办公桌抽屉裂开的缝隙内,清清楚楚躺着一张折叠的靶纸。

许海峰站在那里,一直没有伸出手。也不知站了多久,小丁的声音在楼梯处响起来:"许海

备战奥运 107

峰，找到了吗？"

原来，他见许海峰不下去，跟了上来。

许海峰应了一声，几步走到门口，关灯，带上门，跟小丁下楼回宿舍。

这以后，他一心沉在射击的动作要领上，再没有动过看靶纸的念头，也再不问自己成绩如何。

一个月后，李教练跟他说："海峰，这个月你的动作要领掌握得不错。以后，咱们一周看一次靶纸。"

又打了一周。周六，李教练把许海峰叫到了办公室。

许海峰一周打过的靶纸，按照时间，从左到右排列，整整齐齐钉在墙壁上！

一张一张靶纸看过去，许海峰发现自己每天都在进步，于是他更安心地按照李教练的指导进行训练。

脱颖而出

集训很紧张，许海峰忙碌得忘记了想家。

这天，许海峰正在靶位上坐着。刚刚，他打了一发远弹，于是赶紧停止射击。远弹是行内叫法，就是离靶心远的子弹。

按照许海峰的经验，错误的射击不能重复。打了远弹不马上停止，而是继续进行这样的射击，就是对错误动作的重复。错误的动作重复多了，就会形成错误的动作记忆。这样的记忆很可怕，常常导致射击失误。

"许海峰，有人找！"一名队友走到他的靶位旁边，轻声提醒。见他扭头看自己，队友朝门口指了指。

许海峰朝门口看了一眼,那身影,除了爸爸,还有谁?爸爸出差路过,特意到集训队来看儿子。

许海峰跳下靶位,跑到门口,笑嘻嘻地叫了声"爸爸"。还有几分钟就到中午吃饭时间,他带爸爸去食堂吃饭。饭菜不错,爸爸对他的生活放心了。

吃过饭,爸爸让许海峰带他在院子里走走。三三两两的队友看见,都过来打招呼。爸爸笑呵呵回应,跟许海峰说:"小子,你人缘不错啊!"

许海峰笑嘻嘻地说:"那是,您不看看我是谁儿子嘛!"

爸爸哈哈笑起来,没想到沉默寡言的儿子,也有这么幽默的一面。

"海峰,训练还顺利吧?"来的时候,爸爸并不想问训练情况,怕给儿子压力,但真的来了,又忍不住问上一嘴。在爸爸眼里,许海峰一向懂事努力,不用多督促。

果然,许海峰嘿嘿一笑,说:"爸,您就放心好了!"

爸爸笑了，拍拍他的肩，说："对你，我当然放心。放平心态努力训练，不要有压力。"

"我一定能参加奥运会的！"许海峰站住，一脸郑重地看着爸爸说。

爸爸笑笑："尽量争取。就是不能参加，你也是爸爸的骄傲！"

其实，许海峰没跟爸爸说，这几天他正在苦恼中。

集训队高手如云，可根据项目规定，能参加第二十三届奥运会的只有两名选手。奥运会选拔赛刚刚完成，王义夫第一名，许海峰以一环之差获得第二名。

那时候的比赛规则跟现在不一样。现在是先打资格赛，只要通过资格赛就能参加奥运会正式比赛。那时候是直接按照奥委会规定人数报名。

王义夫是第五届全运会男子自选手枪慢射和男子气手枪两枚金牌获得者，综合能力最强，以选拔赛第一名的身份获得参加奥运会的资格。对他出征奥运会，大家毫无争议。

可对第二名的许海峰，教练组有些犹豫。许

海峰成绩是好，可他是新手，训练还不到一年，经验上有些欠缺。

选拔赛第三名的苏之勃比许海峰大八岁，是射击老将，射击水平高，比赛经验丰富。一九七四年的第七届亚运会，是中国第一次派代表队参加，苏之勃为中国夺得第一枚亚运会金牌。在这次亚运会上，他一共获得三枚金牌，一枚铜牌。一九七八年，他参加第八届亚运会，获得男子自选手枪慢射个人、团体两枚金牌。

对选派许海峰还是苏之勃参加奥运会比赛，教练组还没有达成一致意见。

爸爸走了，许海峰去训练馆继续训练。举枪瞄准后，快速射击，打出个7环。事实上，扣动扳机的时候，他已经意识到这一枪绝对打不好。心里像有一把火，怎么能打出好成绩呢？

他放下枪，坐到椅子上，把脑袋放到大腿上。他逼迫自己平静下来，可半个小时过去了，脑袋嗡嗡乱响，根本没法平静。

他跳下靶台，去办公室找到李培林教练，一脸郁闷地说："李教练，您说选拔赛的目的是什么？"

李培林教练盯着墙上许海峰的靶纸，慢悠悠地说："不早说了，挑选奥运会选手啊！"

许海峰眼睛亮了，说："对啊！我是第二名，领先第三名不少，该不该选我？"

李教练又看了看靶纸，继续慢悠悠地说："好像该选你。"

"怎么好像啊，李教练！"许海峰噘了噘嘴。他最怕李教练笑呵呵说话。这时的李教练，其实最难缠，你怎么说他怎么应，其实最后什么也没解决。

许海峰不说话了，心不在焉地看着靶纸。

看完了靶纸，李教练坐到椅子上，郑重地说："最近，就因为这点事，你就心神不宁。要知道，去了奥运会赛场，全世界的高手都在，各种意外情况会更多。那时候，你也心神不宁？"

许海峰站到办公桌前，摸着后脑勺，不好意思地说："那时候，一定不会这样。"

"你怎么知道不会这样呢？毕竟，你此时说的，一切都是假设。"

"嗯……您说的……也是假设嘛！"许海峰挠挠头发，嘿嘿笑着说。

"对了，假设！现在的争议，也是各种假设，没有最后决定。你呀，已经是选拔赛的第二名，成绩摆在这里，只有静下心训练，才能更有希望。要是心神不宁胡思乱想，假设就会偏离你的希望，明白吧？我把话放这里，苏之勃可是老将，经验比你多得多。"

许海峰听了这话，一拍脑袋，说："明白了，李教练，我训练去！"

之后的日子，许海峰似乎忘记了这事，一门心思训练，成绩也越来越好。

有苦恼的不仅仅是许海峰，还有许海峰的队友大刘。

在射击队，大家是队友，也是竞争对手。大刘很想向许海峰请教，又担心他不坦诚。这晚训练结束后，大刘实在忍不住了，来到许海峰宿舍，说："海峰，你帮帮我行不？虽然以前我成绩不错，可现在落下很多。你放心，就是帮了我，我也不是你的对手……"

大刘说得吞吞吐吐，许海峰却听明白了。他笑起来，说："大刘，其实，我也想过跟你提提建议，怕你多心就没说。"

一听这话，大刘兴奋地蹦起来，扑到他跟前，说："你说，海峰，你快说！"

许海峰笑着说："我注意到你两三秒打一枪，是不是有些快了？到重大比赛的时候，心理压力大，这速度发枪，就有些仓促。可如果临时改变节奏，你又容易紧张。你尝试着放慢节奏，看看能不能更好些。六十发子弹，不到一个小时就打完，我感觉是浪费了准备时间。"

大刘连声说："对，对着呢，海峰。遇到大比赛，真跟你说的一样。以后我注意放慢节奏。还有呢，你尽管说！"

许海峰想了想，又说："我觉得，平时还是少些交往好。也许性格的原因，我交往少的时候，心里更平静，射击效果更好些……我说的也不一定对，你根据自己的情况来。"

大刘沉吟着，没马上说话。许海峰挠挠头

发,不好意思地加了一句:"我说错了,你可别生气。"

没想到大刘使劲握住他的手,说:"海峰,这一条,你说到根上了。就冲你这话,我认你当好朋友!"

这以后,大刘接受许海峰的建议,射击水平真就有了提高。

因为教练组意见不统一,大家商量出了一个折中方案:许海峰和苏之勃各打一场国际比赛,谁成绩好谁去奥运会!

一九八四年四月,许海峰去美国洛杉矶打奥运会热身赛。

飞机在云层之上飞翔,许海峰坐在舷窗边,凝望着云层之上湛蓝的天空,心静如水。这天空多辽阔,可任每一只鸟儿飞翔。只要有利剑般的翅膀,就能冲破云层,飞到高天,见识更辽阔更壮美的风景。

可到了洛杉矶,心境平和的许海峰,遇到了时差难题。那几天,他睡不好,吃不好,比赛的时候，拿枪的手时不时会抖。

这场比赛，他打得比平时训练的节奏慢，每一枪都要确定拿稳了，瞄准了，有信心了，才扣动扳机。

比赛结束，他大汗淋漓，像虚脱了一样，真想睡个昏天黑地。这次热身赛，许海峰以568环夺得个人第一名，成为他获得的第一个世界冠军。

因为热身赛夺冠，国家队在许海峰和苏之勃之间选择了前者，由王义夫和许海峰代表中国射击队参加第二十三届奥运会。

出征洛杉矶

由于体会到时差对身体的影响，许海峰跟代表团建议，在奥运会开幕式前十天去比赛地适应时差，他的建议被采纳。

一九八四年七月，中国代表团出征第二十三届奥运会。举办方为了节约资金，运动员们就住在加利福尼亚大学的学生宿舍。

刚住下，有些运动员就迫不及待地去训练馆训练。许海峰走出宿舍，走上一条安静的小路。

校园里的建筑充满异国情调，也格外迷人。葱郁的树木随处可见，茵茵芳草更衬托出它们的高大。隐隐约约传来一阵叮叮咚咚的琴声，非常优美动听。

走着的许海峰微笑起来，忍不住踏着这节奏，跑了起来，一直跑到大汗淋漓。他回到宿舍，冲了个澡，制定出详细的参赛方案，细致到每一分钟。

可即使是这样，之后的几天训练，射击成绩依然很不理想。时差颠倒，真的很让人崩溃。

好在许海峰、王义夫和教练员早有了心理准备，成绩再差，他们都尽量让心情平静下来。

训练期间，各国运动员常有来往，最受欢迎的活动就是交换纪念章。运动员参加奥运会的机会并不多，有机会交换奥运会纪念章，的确是很有意义的事情。

可别人放下枪交换纪念章的时候，许海峰依然在靶位上聚精会神地训练，理都不理旁边的热闹。即使有人找到他交换，他也只有几句话："抱歉，比赛以后吧，我不想受打扰。"这样的回答，任谁都理解。

第八天一早醒来，许海峰感觉神清气爽，连洗漱都哼着《牧羊曲》。王义夫吐出一口牙膏泡沫，笑着说："海峰，看你这样子，睡得不错。"

许海峰冲他一乐,说:"看你这样子,也睡得不错。"

两个人都笑起来。

也就是七月二十七日这天,吃过早饭,队里打了一场模拟赛。六十发子弹,许海峰感觉自己有三发子弹没有处理好。可结果显示,他打了563环,第一名。

"这样还能第一?"许海峰不放心,又盯着靶纸仔仔细细数了两遍。的确是563环,第一名!

"要是比赛的时候,我再处理得好一些,一定会更好!"许海峰暗暗给自己鼓劲儿。也就是这时,许海峰心里隐隐有了想法——说不定这次也能拿个世界冠军。

晚上,躺在床上的他,在这个想法再次冒出时,跟自己说:"反正主力是义夫,队里最重视的是他,我只要好好打,尽力争取最好就行了。"

也许有人奇怪许海峰怎么能平静得下来。事实上,此时的许海峰,根本不知道中国还没有一枚奥运会射击金牌,也不知道这次夺金的意义。那时候,信息相对闭塞,为了让参赛选手心态平和，教练员也不会跟他们说这些。

七月二十八日这天晚上是开幕式。奥运会的开幕式很隆重，很多运动员都不想错过，尤其是首次参加奥运会的。

许海峰推算，住处离会场一个多小时的车程，需要下午三四点钟就要过去。入场式加上开幕式几个小时的时间，等结束回到宿舍，怎么也得到半夜一点多了。

而第二天上午，射击比赛就要进行。

跟着射击运动员来的，是王义夫的教练。射击教练只能来一个，当然是主力王义夫的教练来。

王义夫和许海峰跟教练员商量了一下，决定不参加开幕式，白天休息，晚上从电视里看开幕式。带队的团长批准了这一安排。

下午三点，大家坐车去参加开幕式。一个运动员看见要去校园散步的许海峰，说："好容易来这么一回，不参加开幕式，有点可惜吧。"

许海峰笑嘻嘻地说："好好准备明天参赛，以后来的机会会更多。"

在加利福尼亚大学校园的这些日子，许海峰爱上了校园里这片树林。不管是心情郁闷还是愉快，也不管训练是否顺利，休息的时候，他都喜欢来这里走一走，坐一坐。

树林边一座楼里传出的琴声，总能带给他一份宁静。林中几只小松鼠从来不怕他，在树木和草地上跳来跳去，让许海峰的心情格外愉悦。

今天，他坐到了一棵大树下的白色铁制椅子上。凉凉的触感，让他不太平静的心安宁下来。

七月的阳光那么热烈，树荫撑出一片阴凉。叮叮咚咚的琴声再次响起，许海峰不知道那是一首什么曲子，也没想着去打听曲子的名字。他两臂搭住椅子靠背，闭上眼睛，任琴声在耳边如流水淌过。

一个小时后，许海峰回到训练馆。这次，他打了六十发子弹，568环。走出训练馆的时候，他脚步格外轻松，甚至跳起来，抓住了空中飘过的一片树叶。

吃过晚饭，许海峰和王义夫去活动室看电视。看完中国代表团入场，许海峰起身回宿舍休息，很快就睡着了。

第二天一早，大家坐第一班班车赶往普拉多射击场。旁边的王义夫指着许海峰的裤子笑起来："海峰，你运动裤呢？还有鞋子？"

本次奥运会，运动员统一着装，都是红色的梅花牌领奖服。此刻，许海峰穿着上衣，下面却穿着条的确良裤子，本该穿运动鞋的脚上，穿着双三接头皮鞋。

许海峰嘿嘿一笑："穿着上衣呢！"

王义夫给他一个无可奈何的白眼，朝他咧一下嘴，也嘿嘿笑了几声。这模样，惹得许海峰大笑起来。

一个多小时的车程，许海峰坐在座位上闭目养神，或者隔窗眺望远处的景色。一路上，他心情非常平静，昨天那次射击让他明白，自己恢复到了最佳射击状态。

到达射击场，去枪弹库取了枪弹，许海峰跟王义夫去休息室把装备弄好。

八点三十分进入比赛场地，八点五十八分准

备完毕。那时的枪管都是冷的,需要对着地面打枪,给枪管预热。这又用去两分钟。

九点整,射击比赛开始。

说是开始,其实是对靶试枪。这是运动员找射击感觉的过程,也是把枪支调整到最适合自己状态的过程。

按照规定,试枪可以打十五发子弹,可许海峰只打了十二发,枪修正到最好,自己射击状态也跟昨天一样好,无须多打!

奥运会夺金

第二十三届奥运会男子自选手枪慢射个人比赛正式开始。按照比赛规定，每名参赛选手六十发子弹，在两个半小时内，分六组打完。

许海峰站在靶位上，稳稳举枪，瞄准靶心，扣动扳机。子弹按照他习惯的节奏，一发一发打出去。

第一组，许海峰打了97环，第二组，也是97环。按照以往的经验，前两组97环，后面四组只要不出意外，就基本锁定冠军了。

也许正是这样的认知让许海峰分了心，第三组的第八发子弹，他打出一个8环。要想保持前两组的成绩，这一组至少要打八个10环才行。

打出8环，说明动作出了问题。如果继续打下去，只能重复出错。许海峰看看表，整十点。他撂下枪，在别人惊诧的目光中，走出赛场，坐到了门口处。

天空湛蓝湛蓝的。几只白色的鸟儿，张着巨大的翅膀缓缓滑翔，降落到远处一片葱茏的树林中。

看着那姿态优美的精灵，许海峰想：那是什么鸟？比赛结束后得问问。

几声孩子的笑声响起，许海峰循声望去，几米外，两个小男孩正撅着屁股，脑袋对着脑袋，趴在台阶上。应该是跟着父母来看比赛的孩子，没兴趣看比赛，出来玩呢。

许海峰走过去一看，是一支弯弯曲曲的蚂蚁队伍，正浩浩荡荡向前进发。

意识到来了人，两个小男孩都抬起头。看到许海峰，其中一个黄头发的小男孩笑着打了个招呼："嘿！"并用手指着台阶上的蚂蚁。

许海峰也咧嘴回报小男孩一个"嘿"。

就这样，一个大人，两个孩子，看着这支蚂

蚁队伍爬下一级级台阶,朝不远处的草坪爬去。两个小男孩时不时叽里咕噜聊天,看样子是议论蚂蚁的事情。许海峰听不懂,也不插话,可一样看得很有兴致。

最前方的蚂蚁遇到个拳头大的土块,好像不知道该翻过去还是绕路,停了下来。许海峰指一指土块,一个小男孩明白了,拿掉土块,蚂蚁部队继续向前。

许海峰想起前几天刚学的手势,笑着冲小男孩比个"耶"的手势。小男孩明白了他的意思,也欢快地冲他回了个"耶"的手势。

直到蚂蚁部队爬进草坪,许海峰才摆摆手,跟两个小男孩告别,回到赛场。他看见了团里人焦急的目光,笑笑,平静地回到自己的靶位。

许海峰打完第三组的最后两发子弹,本组成绩是93环。接下来的第四组93环,第五组95环。

许海峰觉得,如果第六组跟前几组一样的状态,自己的总成绩应该跟前一天的训练成绩差不多,也跟自己预想的成绩差不多。在国家集训队

中华先锋人物故事汇　许海峰

训练的这段日子，他对自己的成绩预测已经很有把握：实际成绩跟预测成绩，相差不会超过2环。

由于第三组出去看蚂蚁半个小时，许海峰打完第五组的时候，其他选手已经全都打完了。于是，最需要平静的这一组，观众全围到了他身后。

被所有人盯着看，选手往往心慌，很难保持最佳射击状态。身后满满的人，许海峰觉得温度都比刚才高了不少。没办法，他只得在心里安慰自己：我打得不错，他们一定看好我。要不，才没人看！

这么多人围观，还有记者按动相机快门的咔嚓声，到底影响了许海峰的射击状态。前面七发子弹，他打了两个8环，一个10环，四个9环，平均成绩不到9环。

这么打下去，要完蛋啊！许海峰心里嘀咕道。抬头看看时钟，离比赛结束还有二十一分钟。他放下枪，坐到靶台的椅子上！

观众小声议论起来，记者按动相机快门的声音此起彼伏。许海峰闭上眼，静静坐着，让周遭

奥运会夺金

的声音离自己远去。此刻,他命令自己忘记比赛,忘记观众,甚至忘记他就坐在靶台上。

他让自己回到加利福尼亚大学校园的那片小树林:阳光透过树叶间的缝隙斑驳洒落,在绿草地上跳跃;跟阳光一起跳跃的,还有那只灰色的小松鼠。琴声那么柔和,像一阵风在耳边萦绕……

而他不知道的是,在他身后的中国代表团的教练员和官员们,手心里都捏出了汗。只是,他们心里再着急,也强迫自己静静等待着许海峰,没出一声。

十几分钟后,许海峰起身,没装子弹发了四次空枪。打完,他对自己调整后的状态放心了!

装子弹,深吸一口气,举枪,瞄准,射击——

10环!

看台上响起骚动声,许海峰听不见。此刻,他似乎关闭了听力,眼里心里,只有手中这把枪。

举枪,瞄准,射击!

9环!

看台上的惊叹声压抑不住。

观众和中国代表团成员都清楚地知道,瑞典的斯卡纳克尔和王义夫都已经打完了全部子弹,以565环和564环暂时排在第一和第二位。

而此刻,如果计分没有出错的话,许海峰五十九发子弹,已经取得了556环的成绩!

最后一发子弹装上,许海峰静静站在靶位上。他的身后,所有人屏气凝神。

许海峰闭上眼,重新让自己置身于那片安静的小树林。阳光在草地上跳跃,风儿轻抚着脸庞——

许海峰慢慢举枪——

瞄准——

子弹出膛——

10环!

"噢——"

"Good(好)!"

"China(中国)!Chinese(中国人)!"

掌声和赞叹声潮水般涌来!

许海峰身后的计分裁判举起牌子，上面显示醒目的"566"！

许海峰长舒一口气。他知道，这次比赛，自己成绩不错，比他自己预测的还好！

两个人冲过来，他还没看清是谁，就被其中一个狠狠地抱住了，耳边，是有些颤抖的感叹声："海峰，好，好！"

这是带他们来参赛的国家体委副主任陈先。

许海峰正要说话，另一个人也给了他一个大大的拥抱，这是代表团的团长黄中。

许海峰可从没受过这么热情的拥抱，他不知道自己该说些什么，只好嘿嘿笑。本以为团长拥抱完就放开，可怎么也没想到，黄团长突然伸手捧住他的脸，狠狠亲了他的右脸颊。

被人捧着脸亲，这是多久的事情了？好像是三岁前，妈妈才有的动作吧？

许海峰正愣着，左脸颊又被团长狠狠亲了一下！

多少年后，许海峰回忆起这个场景，依然清晰如昨日："团长太高兴了！他双手颤抖着，明明笑着，可眼角闪着泪光！"

成绩公布，许海峰以566环的成绩，获得第二十三届奥运会男子自选手枪慢射个人冠军，夺得中国历史上第一枚奥运会金牌！

这一天，是一九八四年七月二十九日！

这一天，成为中国体育史上值得纪念的日子！

射击比赛尘埃落定。按照惯例，接下来就是颁奖环节。

上台领奖需要正规领奖服，可许海峰没有穿领奖裤和运动鞋，只好借了团里其他人的裤子和鞋子。

黄团长故意板起脸说："海峰，你这是没想着拿名次啊？"

许海峰做了个鬼脸："团长，我要是老想着拿名次，一定打不了这么好！"

这时，一架直升机飞过，机身很低，驾驶员金黄色的头发都能看得清清楚楚。几分钟后，一辆摩托车飞驰而来。到了颁奖台边，一个急刹车，车手身后坐着的人，把一面火红的中国国旗递给工作人员。

原来，组委会没想到中国代表团派出的两名运动员能同时夺得两枚奖牌，而他们只准备了一面中国国旗！刚才的直升机，就是来送中国国旗的！

"海峰，义夫，快去颁奖台！"黄团长牵着他俩的胳膊，亲自把他们送上颁奖台。

这时候的许海峰，虽然高兴得了冠军，更多的却是疑惑：黄团长他们为什么那么激动？自己奥运会热身赛也得了冠军，当时也没见教练多激动啊！刚刚黄团长的手，为什么一个劲儿抖个不停？就是得了个冠军罢了，怎么这么激动呢？

颁奖台上，最高的是许海峰，他的两边，一边是获得银牌的瑞典名将斯卡纳克尔，一边是获得铜牌的王义夫。

国际奥委会主席萨马兰奇先生亲自给许海峰颁奖，他说："祝贺你，祝贺中国！今天，是中国体育史上伟大的一天，我为能亲自把这一枚金牌授予中国运动员而感到荣幸！"

奥运会夺金 137

中华人民共和国国歌响起，鲜艳的五星红旗缓缓升起。

许海峰眼睛盯着鲜艳的五星红旗，跟着它的上升高度慢慢仰头。而他的心里，也随着国歌激昂的旋律跳动，感受到从未有过的自豪！

这是中华人民共和国国歌第一次在奥运会赛场奏响，五星红旗第一次飘扬在最高的位置，现场许多中国人喜极而泣。因为许多人都知道，一九三二年，中国人刘长春单刀赴会参加洛杉矶奥运会，最后黯然而归。五十二年后的今天，中国人终于夺得属于自己的奥运会首金！

此刻的许海峰，却还没有意识到这枚金牌的重大意义。他依旧保持着一贯的沉稳，望着鲜艳的五星红旗在高空飘扬。

第二天，许海峰去赛场观看之后的比赛。

中央电视台的记者扑到他面前说："许海峰，你可来了！你知道吗？昨天北京各大报纸被抢购一空，高校学生都敲着脸盆庆贺！你拿金牌的所有文字消息都有了，可没一张图像消息！你得接受采访，让我留图像资料！"

许海峰有些蒙,说道:"不就是个冠军吗,这么轰动?"

记者惊奇地说:"许海峰,这可是咱们国家第一枚奥运会金牌啊!你是大大为国争光啊!"

许海峰嘿嘿笑了几声,说:"这次虽然打了第一名,但成绩不是很高,今后还需要多努力,多为国争光。"

接受完采访,很多人挤过来向他祝贺,还有人跟他交换奥运会纪念章。

交换纪念章的太多了,许海峰又听不懂外语,有些茫然,不知该跟谁换。一个离他最近的外国人把六块纪念章塞进他手里,拿走了他的一块!

后来,团里一个工作人员说:"海峰,咱们团里,数你换来的纪念章多!拿了最高的名次,换了最多的纪念章,这一趟你来得最值!"

第二十三届奥运会,中国代表团共获得十五枚金牌,最终名列奖牌榜第四,举世震惊。中国也开始迈步进入体育大国的行列。

胜利归来

一九八四年八月四日这天，归国的飞机徐徐降落。许海峰出了机舱，下了飞机，才发现飞机舷梯下竟然铺上了厚厚的红地毯！

工作人员将大家带到机场休息室，参加为他们归国举行的欢迎仪式。领导祝贺，少先队员献花，许海峰忙碌着，两眼却在寻找着最想见的人——李培林教练。

李教练在最后面一排坐着。他睁大眼睛，抿紧嘴巴，似乎只有这样，才能抑制住眼中不断涌出的泪花。这一刻，许海峰兴奋的心情猛地安静下来。他的背包里，装着在洛杉矶特意买给李教练的挂钟。当时，挂钟在外国货中是稀罕物，他想一回国就把礼物送给李教练,让他高兴。

待欢迎仪式结束,许海峰急急地扑过去。李教练紧紧抱住他,声音颤抖地说:"海峰,你给我们圆梦啦!"

许海峰眼睛一热——情感内敛的李教练,可是第一次这么激动啊!

上次得了世界冠军,可没有这样隆重的欢迎仪式啊!直到此刻,许海峰才终于相信:这个冠军,的确跟以往的冠军不同!

坐火车回到安徽,许海峰简直无处藏身了。一下火车,用人山人海形容迎接的人,一点儿也不为过。

他一只脚还没踩到地面,就被一个人抱住了。"海峰,海峰……"这人想说什么,却因心情激动,一时说不下去。许海峰一愣,使劲儿扭头看去,原来是省体委主任。他流着眼泪的样子,让许海峰有些手足无措。

在省体委主任身后,那么多双手朝许海峰伸过来,那么多张笑脸为他送上真诚的祝福。

省里派专车送他回和县。可一路上，根本就没让他安静片刻。几个记者挤进来跟他坐同一辆车，没坐上的记者一路跟随。

一进和县县城，噼里啪啦的鞭炮声响起来。许海峰以为有人结婚，可这鞭炮声一路响到他们家楼下，他才知道，这是为迎接他胜利归来燃放的。

他家楼下，也是黑压压的人群。车还没停稳，人群就一拥而上，吓得司机赶紧急刹车，跟他打趣说："许冠军，你可要做好准备，说不定，他们会把你抛起来。"

说实话，大家如此热情，许海峰有些发怵。可怎么能不下车呢？那么多亲戚、同事和邻居，都围在车外呢！

一下车，几个小伙子果然一拥而上，这个抓胳膊，那个抓脚腕，许海峰还没反应过来，已经被抛了起来。刚落下，众人又把他抛起来，一连六七次，才终于让他脚踏实地地站住。

大家簇拥着他上了楼，屋里坐着上了年纪的

爷爷奶奶们。看见他来了,都站起来,脸上笑得那叫欢喜!

妈妈买了好多玻璃纸糖,让妹妹和弟弟们分给大家。分糖的时候,海波终于挤到他身边,叭地在他脸上亲了一口,笑嘻嘻地说:"哥,我看报纸上人家亲你了,我也亲一口!"

这可惹事了,好几个小伙子也作势来亲,吓得许海峰赶紧抱头趴下,直到一个爷爷制止才给他解了围。

爸爸说:"海峰,把金牌给爷爷奶奶们看看。"一路是簇拥的人群,所以许海峰的金牌虽然挂在脖子上,却藏在衣服里面。

他赶紧拿出金牌,双手递给身边的苏爷爷。金牌直径六十毫米,重一百二十五克,纯金包银。

苏爷爷双手接过去,举到眼前细细看,一边看一边笑呵呵地说:"金牌长这样子啊!还是第一次见真的!"

几分钟过去,看苏爷爷还摩挲着金牌,他的孙子急了,说:"爷爷,您要再看,别人得抢啦!"

金牌在大家手中传递,气氛轻松热闹。

十二点了,许海峰困得不行。坐飞机坐火车,这么多天,他还没好好睡一觉呢。

直到一点,供销社主任好说歹说,才把大家劝走。他离开的时候,跟许海峰的爸爸说:"老许,我亏得准了海峰的假,要不,耽误了国家的第一个奥运会冠军,我可就是千古罪人啊!"

回到卧室,许海峰衣服都没脱,就倒在了床上。海波要跟他说话的时候,他已经鼾声如雷了。

第二天,许海峰是被妈妈叫醒的。他在床上伸个懒腰,说:"妈,得了冠军的应酬,真比训练还累,我的脸都酸了。"

妈妈抓了一下他的腮帮子,笑着说:"赶紧起床,楼下又有人要来看你。你呀,得继续笑,脸继续酸。"

海松哼着歌进来,把一张报纸递到许海峰眼前。这是一个他夺得奥运会冠军的报道,上面一句话被重重画出来:

许海峰在奥运会第一天上午进行的男子手枪慢射比赛中夺得冠军,中国在奥运会金牌榜上"零"的纪录被打破了。

好多天,家里人来人往,每晚都热闹到半夜。他们一家连安静吃顿饭的时间都很少。

这天,许海峰接到通知,让他准备准备去北京——国家要在人民大会堂为本届奥运会代表团开庆功会,他和几位教练员、在奥运会上荣获奖牌的运动员一起,被选为代表做报告。

做报告?该怎么说?这让许海峰头疼不已。

到了北京,采访过他的几个记者见他为难,自告奋勇替他写报告。许海峰嘱咐:"你们采访了我,也知道我的真实情况,一定要实话实说啊!"

可写出来的三篇稿子,许海峰都不满意。他觉得自己根本没有他们稿子里说得那么好。他说:"我喜欢射击,国家出钱让我训练,作为运动员,得奖是分内事嘛。刚有了这点成绩,国家就给我这么大的荣誉,我哪能把自己夸成一朵花啊！"

于是，他自己重写了发言稿，真实介绍了自己训练和参赛的过程。这份实实在在毫无矫饰的报告，为他在人民大会堂赢得了经久不息的掌声。

这一年的国庆是中华人民共和国成立三十五周年大庆，中国革命博物馆举办成就展，借用了许海峰的奥运金牌在馆里展览。

办完展览，博物馆的一位工作人员找到许海峰，说："许海峰同志，这枚金牌是咱们国家第一枚奥运会金牌，给了全国人民极大的鼓舞和自信。展览期间，很多人慕名来参观，和它合影留念。很多人留言说，它凝聚了中国体育健儿的艰辛勤奋和辉煌成就。我这次来，是代表博物馆跟您商量下，能否把它捐赠出来。当然，这枚金牌意义重大，您可能舍不得，因此我们尊重您的意愿……"

工作人员有些忐忑，也有些为难。毕竟，这是中国第一枚奥运会金牌，主人舍得吗？

没想到，许海峰略一沉思，说："好，没

问题！"

工作人员没想到许海峰这么痛快，问："您，您再考虑一下吧，毕竟这是个大事。"

许海峰却说："没有国家的培养，国家给的平台，没有国家花这么多人力、财力、物力去培养，我也不可能获得金牌。这枚金牌，是属于国家的！"

这年除夕夜，妈妈做了一桌菜，全家人围坐在一起守岁。爸爸说："海峰，你获得了咱们国家第一枚奥运会金牌，全家人都觉得自豪。爸爸不多表扬你，只给你提个醒。你今年二十七岁，人生刚开始不久，以后长长的路，还得踏踏实实走下去啊！"

许海峰说："爸，您放心，我一定永远做一颗对准靶心的子弹，绝不让它脱靶！"

有人说许海峰是射击天才，即使训练时间短，他也总能取得出人意料的成功。其实，即使是天才的路途，也有起伏和波折；即使是天才的成功，也是靠勤奋和努力获得的。作为运动员，不可能每一场比赛都能打好，许海峰也不例外。

一九八三年的四月和五月，许海峰参加过两次射击比赛，成绩并不那么抢眼。比赛之后他自己找原因，认为当时太想通过"运动健将"的考核，心情不够稳定，导致射击水平没有正常发挥。

意识到这个问题，他及时调整了心态。即使参加奥运会，也能做到心静如水，才夺得了中国体育史上第一枚奥运会金牌。

一九八五年，对许海峰来说似乎很不友好。先是得了毛囊炎，身上一个接一个地长疖子，弄得他苦不堪言。一次重要的世界赛事中，他感觉疼得没法举枪，只好临时做了手术后上靶台。

还有一场重要赛事，他习惯用的枪出了问题，导致比赛没有获得理想的成绩。比赛结束后，他开始学习修枪，不久就成为射击队修枪修得最好的那一个人。

一九八六年第十届亚运会上，许海峰以超世界纪录的660环获自选手枪个人冠军、气手枪个人金牌和自选手枪团体冠军。这之后，一直到一九九五年退役，他的射击状态一直很稳定。

许海峰说："做事情哪有总是顺利的？遇到困难，躲开没用，只有迎难而上，克服它！"

要干就干好

夺得奥运会首金之后的十年，许海峰一直从事射击运动。他先后夺得十几个世界冠军，破了两次世界纪录。

一九九三年底，许海峰的眼睛被确诊为中心性浆液性脉络视网膜病变，看东西变形，变小，颜色变深，还总感觉眼前有一块黑云在飘。经过检查，医生告诉他，这是陈旧性黄斑病变造成的。

即使这样，一九九四年的许海峰还是坚持打了一年的比赛。七月，在意大利举行的第四十六届世界射击锦标赛上，他与队友合作，夺得男子十米气手枪团体冠军。一九九四年九月，在日本广岛举行的第十二届亚运会上，他与队友合作，夺得男子手枪慢射团体冠军。遗憾的是，在气手枪比赛前，他感觉眼睛不适，只好放弃这场比赛。

当时，因为参赛的女子手枪教练员没有跟团到广岛，领导临时安排许海峰负责女队的赛前训练和指导。结果，这一届女子手枪的四枚金牌，全被中国女子射击队收入囊中。

赛后，领导找许海峰谈话，有意让他接任中国女子射击队手枪组主教练。许海峰很犹豫，他说："第一，我对女孩子不了解；第二，我没做过教练员，没经验；第三，当时女子射击虽然没有人拿过世界射击冠军，但也是体育界优势项目，我怕带不好成为千古罪人。"

一九九五年一月二十五日，许海峰还是被正式任命为国家射击队女子手枪组主教练。由于出色的执教表现，一九九八年，他被任命为国家射击队副总教练兼女子手枪组主教练。

这期间，许海峰把所有精力和心思都用在了射击队的管理和训练上。很多个晚上，他跟教练员和运动员谈心到深夜，甚至养成了十二点后睡觉的习惯。

许海峰对队里每一位运动员的个人情况、技术特点和思维方式都了如指掌。训练场上，大家很少见到许海峰的笑脸，训练不到位，他会毫不留情地批评，就连得意弟子也会被批得哭鼻子。运动员们都说："许教练的眼睛最毒，赛场上打几枪，他就能知道你是否在状态，问题出在哪里。"

有一次比赛，许海峰觉得某名运动员在预赛中表现得漫不经心，一回到住地就把她狠狠批了一顿："你要重视每一场比赛，只有把每一场比赛都看作是奥运会比赛，一枪一枪地打，你才能成为奥运会冠军。"

许海峰的家离训练馆和宿舍都不到五百米，可他周一到周六一直住在宿舍，有时候带射击队去外地集训，几个月不见家人。一年下来，他跟家人一起的时间，一个月都不到。

谈起母亲，许海峰更是内疚。母亲年纪大了，身体也不好，可她知道许海峰忙，就一直跟其他亲人住在老家，从不来北京给许海峰"添乱"。

许海峰好多次路过安徽,都想回家看望老人,可忙碌的工作很少让他如愿返回家中。

一名运动员说:"为了射击队这个大家,许教练从来顾不上自己的小家!"

许海峰是一个特别细心的人,从不打无准备之仗。每次大赛前,他都反复考虑可能出现的困难和问题,对枪支和弹药认真检查,甚至对可能影响比赛的场地、气候、风向、设备等因素都进行细致分析。事实上,他的细心是对的。韩国曾在亚运会上出现过"臭子"现象[①],许海峰的射击队却从没发生过类似问题。

许海峰领导的射击队果然不负众望:在一九九六年第二十六届亚特兰大奥运会上,他的弟子李对红夺得金牌;在二〇〇〇年第二十七届悉尼奥运会上,弟子陶璐娜夺得女子气手枪金牌,成为当时中国代表团的开门红;在二〇〇二年芬兰举行的世界射击锦标赛上,中国射击队囊括十七枚金牌,打破五项世界纪录和四项青少年

---

① "臭子"现象:枪出现失效打不响的现象。

世界纪录；在二〇〇二年的釜山亚运会上，中国射击队共获得二十七枚金牌，打破三项世界纪录，平一项世界纪录；二〇〇四年的雅典奥运会，更成为中国射击队在境外参加奥运会获得金牌最多的一次。

这些成绩的取得，标志着许海峰出色地完成了从金牌运动员到金牌教练员到一名体育工作者的转变。

那时候，射击队的教练员和运动员待遇并不高。因为许海峰的能力和名气，很多国家伸出橄榄枝，重金聘请他做教练。许海峰总是一口回绝，理由更是简单："我是中国人，我不想以后带着别国的队伍来打我们国家的队伍。"

二〇〇四年，一纸调令，许海峰调任国家体育总局自行车击剑运动管理中心，分管现代五项[①]。

现代五项在中国开展较晚，一直是中国的弱势项目。对许海峰来说，这是一个非常陌生的领

[①] 现代五项是由马术、击剑（重剑）、射击、游泳及跑步五个单独的运动项目组成的一种综合性比赛项目。

要干就干好

域，他连现代五项是哪五个项目都不知道。

自行车击剑运动管理中心是个大中心，奥运会上它的项目有三十八枚金牌。许海峰就任之前，这个中心没有诞生过一个世界冠军。

许海峰还是那句话："要么不干，要干就要干好！"

上任后，许海峰先研究现代五项是否适合中国人。他知道中国人技能强，体能弱，而现代五项中的射击、击剑、马术三个都是技能项目；两个体能项目中的游泳，中国人也不差。这么一研究，许海峰召集教练员和运动员给他们鼓劲儿："现代五项适合中国人，我们能拿好名次，能出世界冠军！"之后，大家齐心合力找问题，根据问题制订实施切实可行的训练计划，解决比赛的发挥问题。

二〇〇五年的波兰现代五项世界锦标赛，钱震华夺得中国运动员的第一枚现代五项世界冠军；二〇〇九年，陈倩拿到了中国现代五项首位女子世界锦标赛冠军；二〇一二年伦敦奥运会，曹忠荣获得银牌，这是中国获得的首枚奥运会男子现代五项奖牌。

在许海峰的带领下，现代五项由以前的弱势项目成为中国的优势项目。

不论是做射击教练员，还是负责现代五项工作，许海峰说他始终秉持着一个规则：只给运动员制定成绩目标，从不制定名次目标。

回顾自己的体育生涯，许海峰认为，要做好一件事情，需要做到四点：第一，树立理想和信念，要么不干，要干就要干好；第二是要热爱自己的本职工作；第三是要花时间钻研要做的事情；第四，要不断学习，为解决以后遇到的问题做知识储备。

这四点看似老生常谈，但真正持之以恒地坚持下去，对许多人来说很有难度。就是凭借这四点，许海峰把每一件事情都做到了极致，做到了最好！

二〇一六年一月，许海峰为"奥运最长油画"添彩第一笔；二〇一八年十二月，党中央、国务院授予许海峰"改革先锋"称号，颁授改革先锋奖章；二〇一九年九月，他被评选为"最美奋斗者"。

二〇一七年十一月，许海峰卸任自行车击剑运动管理中心副主任，正式退休。退休后的许海峰有了一个新的身份——健康中国行动推进委员会委员。

从竞技体育人到全民健身推进人，许海峰始终在体育领域实现着自己的人生价值，贡献着自己的光和热。他的身份在改变，但他对体育事业的热爱，始终不会改变！